Wolfgang Endres • Elisabeth Bernard

So ist Lernen klasse

Wolfgang Endres • Elisabeth Bernard

So ist Lernen klasse

Der beste Lernweg für mein Kind

Überarbeitete Neuauflage

Mit Illustrationen von
Markus Olivieri

Kösel

4., vollständig überarbeitete und aktualisierte Auflage 2004

Druck und Bindung: Kösel, Krugzell
Umschlag: Elisabeth Petersen, München
Umschlagfoto: ZEFA/Masterfile
ISBN 3-466-30662-0

Gedruckt auf umweltfreundlich hergestelltem Bilderdruckpapier
(säurefrei und chlorfrei gebleicht)

Ein Planet leuchtet nicht aus sich selbst,
sondern nur im reflektierten Sonnenlicht.

»Der Mensch ist eine Sonne,
seine Sinne sind seine Planeten.«

Novalis, Fragmente

Inhalt

Motivationsfragen

Konzentrationsprogramm

Selbstständigkeit

Lernmethoden

Klassenarbeiten

Rückblick und Ausblick

Einstieg

Mit dem Globus sind Sie in das »Land des Lernens« eingestiegen.
Jedes moderne Land hat ein gut ausgebautes Straßen- und Schienennetz. Was für das Straßennetz der Atlas, ist für das Schienennetz[1] das Kursbuch: eine nützliche und wichtige Planungs- und Orientierungshilfe.
So ist Lernen klasse möchte so etwas wie ein Kursbuch in Sachen Lernmethodik sein. Es zeigt Ihnen viele Wege durch das Land des Lernens. Es enthält, wie ein Kursbuch, eine Art Schienennetz und Fahrpläne.

Wohin Sie reisen, welche Verbindungen für Sie die günstigsten sind, wie oft Sie umsteigen müssen oder die Fahrt unterbrechen wollen, ob Sie lieber langsam oder schnell vorankommen, welche Strecke Sie gern meiden und welche Gegend Sie gleich mehrmals aufsuchen möchten, all das können und sollen Sie selbst bestimmen.
Sie besitzen jetzt eine »Netzkarte mit unbegrenzter Gültigkeit«.

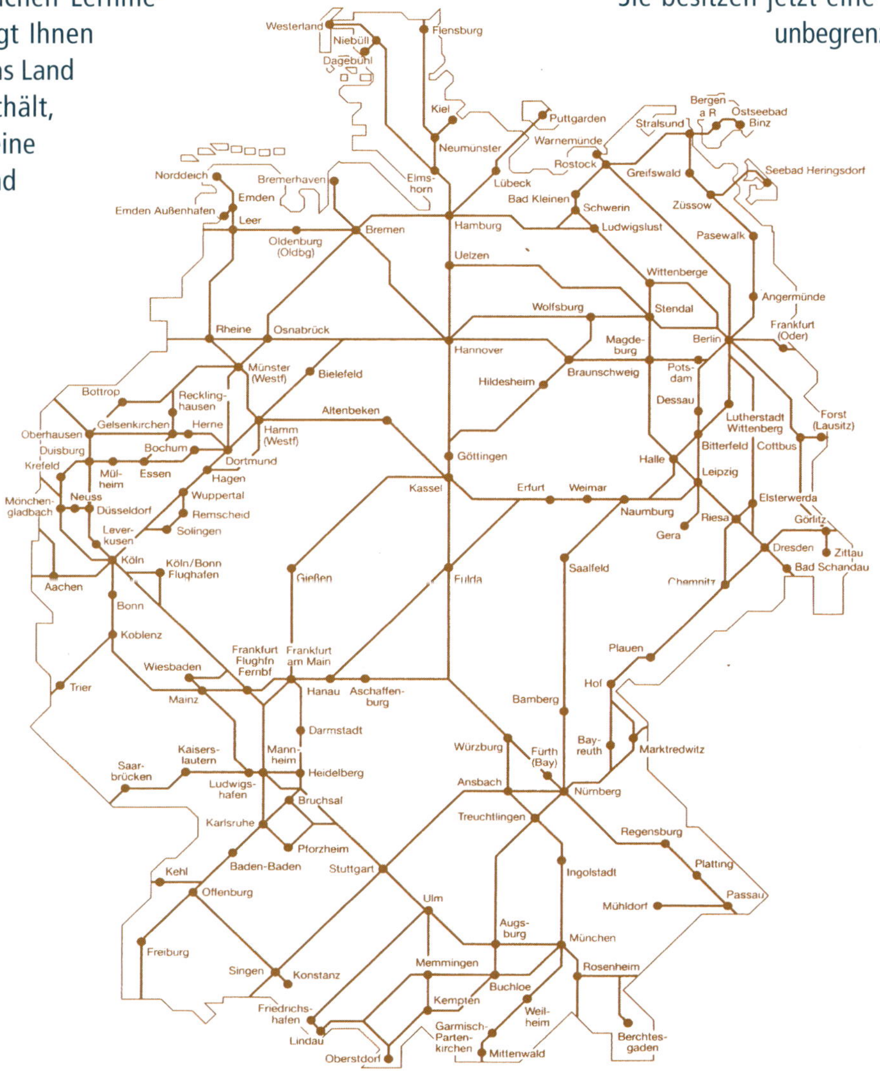

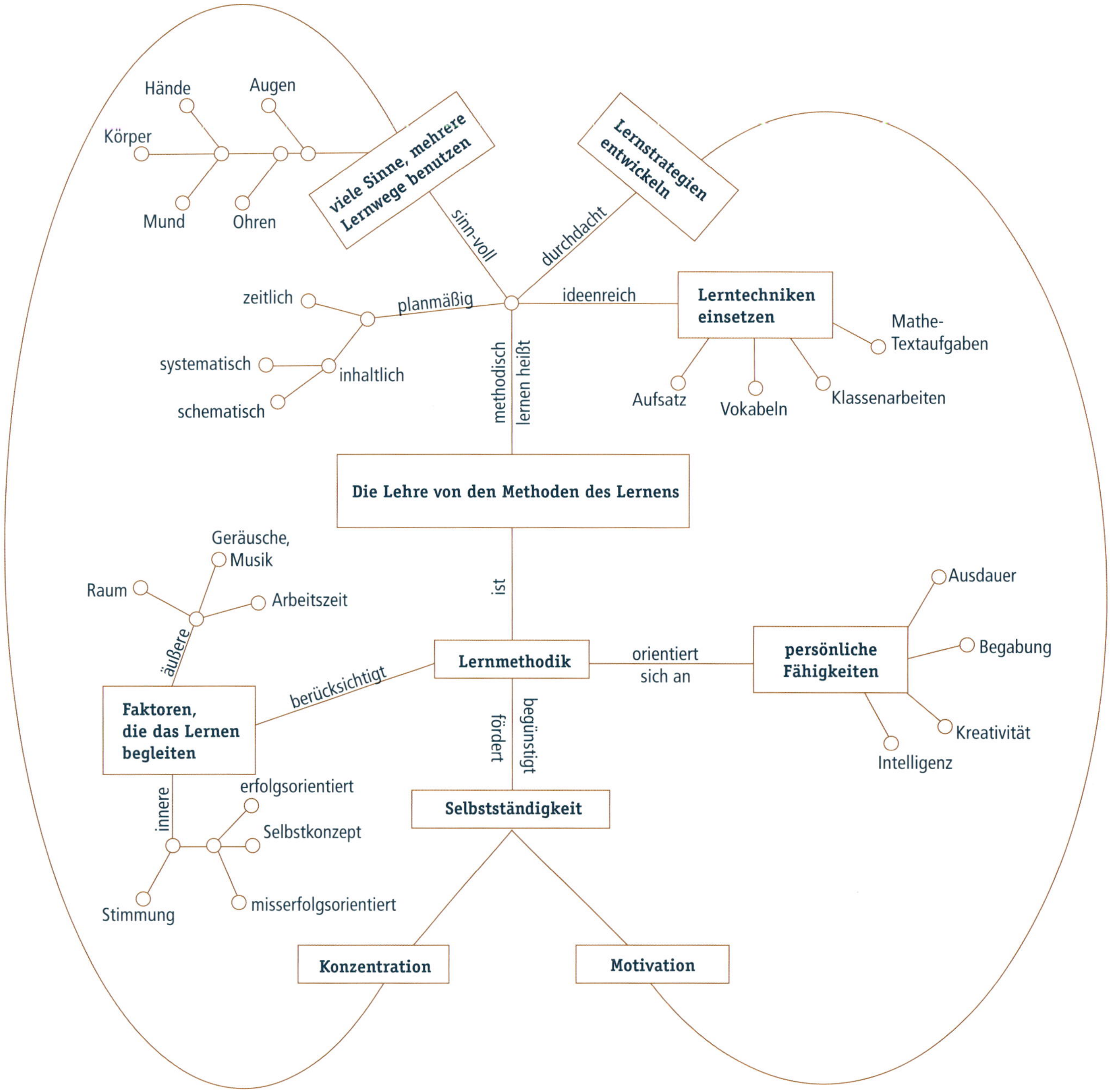

viele Sinne, mehrere Lernwege benutzen
Hände
Augen
Körper
Mund
Ohren
Lernstrategien entwickeln
sinn-voll
durchdacht
zeitlich
planmäßig
systematisch
inhaltlich
schematisch
ideenreich
Lerntechniken einsetzen
Mathe-Textaufgaben
Aufsatz
Vokabeln
Klassenarbeiten
methodisch
lernen heißt
Die Lehre von den Methoden des Lernens
ist
Geräusche, Musik
Raum
Arbeitszeit
äußere
Lernmethodik
orientiert sich an
persönliche Fähigkeiten
Ausdauer
Begabung
Kreativität
Intelligenz
berücksichtigt
Faktoren, die das Lernen begleiten
fördert
begünstigt
innere
erfolgsorientiert
Selbstkonzept
misserfolgsorientiert
Stimmung
Selbstständigkeit
Konzentration
Motivation

Sie sind nicht allein auf dieser Reise. Sie treffen auf Ihren Reisen durch das Land des Lernens alle möglichen Leute. Am häufigsten wird das Familie Meister sein. Sie ist so etwas wie eine Modellfamilie. Doch das heißt nicht, dass bei ihr alles mustergültig wäre.

Der zehnjährige Daniel und der fünfjährige Benny sind alles andere als Musterknaben, die nur fleißig, brav und strebsam die Erwartungen von Mama und Papa erfüllen. Vor allem Daniel leistet sich so manches »Meisterstück« in der Schule. Simone, die 14-jährige Tochter, hat mit der Schule zwar keine nennenswerten Probleme, doch sie ist auch keine Musterschülerin.

Klaus Meister, Vater und pflichtbewusster Bürokaufmann, gibt sich redlich Mühe, doch auch er ist nicht immer »Herr der Lage« – zumindest zu Hause nicht ...

Seine Frau Uschi, die dreifache Mutter und Berufshausfrau, hat immer noch das meiste zu meistern, wenn es um die Schule und das Lernen geht – aber das soll sich im Laufe der Zeit noch ändern ...

So steht Familie Meister weniger als Vorbild da, sondern eher als ein Beispiel. Sie werden in dieser Familie verschiedene Denk- und Verhaltensmuster entdecken, die Ihnen hoffentlich ein bisschen sympathisch sind. Jedenfalls setzt allein das schon voraus, dass in diesem »Meisterbetrieb« nicht alles völlig reibungslos und fehlerfrei abläuft.

Weil es hier ja um den besten Lernweg des Kindes geht, sind die Kinder natürlich die bevorzugten Fahrgäste. Deshalb gibt es in jedem Zug auch Plätze, die nur für sie reserviert sind. Sie erkennen das betreffende Abteil an diesem Zeichen:

Am besten halten Sie sich dort heraus.

Wie und wo es für Sie nun weitergeht, das entnehmen Sie bitte dem rechts stehenden »Fahrplan«.

Bei Ihrer Reise durch das Land des Lernens können Sie verschiedene Züge benutzen. Mit dem Express kommen Sie sehr zügig voran. Dieser Zug hält nur viermal und an diesen vier Stationen lernen Sie und Ihr Kind die wichtigsten Lernvorlieben kennen: Systematik – Logik – Fantasie – Intuition. Dabei kommen Sie durch sonnige Gegenden. Wenn Sie möchten, können Sie diese durch eine »Sonnenbrille« betrachten.

Sie haben natürlich die Möglichkeit, an jeder Haltestation umzusteigen und mit dem »Regionalzug« weiterzufahren. Dieser Zug fährt langsamer und hält öfter. Dabei entdecken Sie aber auch manches unterwegs, was Ihnen bei der rasanten Fahrt mit dem Express gar nicht auffallen würde.

Bitte kreuzen Sie hier unten im Fahrplan die Antwort an, die Ihnen im Augenblick am meisten zusagt. Damit bestimmen Sie auch, wo Sie den günstigsten Anschluss finden, das heißt, auf welcher Seite Sie am besten weiterlesen. (Die Seitenzahl steht unter dem Text, den Sie angekreuzt haben.)

- ❑ **Ich möchte mich erst einmal langsam und lieber gründlich in dieser Lernlandschaft umsehen.**
  Seite 17
- ❑ **Bevor ich weiterlese, schaue ich mir die Skizze nochmals an: Ob ich daraus schlau werde, was Lernmethodik bedeutet?**
  Seite 12
- ❑ **Das Angebot mit dem »Express« kommt mir sehr entgegen.**
  Seite 20
- ❑ **Ich brauche keinen »Fahrplan«.**

Piko schmiedet tolle Pläne

Ich heiße Piko, einfach Piko. So wie Pikobello, was so viel bedeutet wie »tadellos« oder »ausgezeichnet«. Aber wer behauptet das schon gerne von sich selbst!? Deshalb nenne ich mich lieber einfach Piko.

Eigentlich kann mich niemand sehen. So winzig bin ich. (Piko ist nämlich die Bezeichnung für ein Billionstel einer Maßeinheit!) Und trotzdem bin ich da. Wenn du es willst, kannst du mich auch erkennen. Du brauchst nur auf diesen Knopf zu drücken:

– und schwuppdiwupp bin ich zur Stelle.

Dann flüstere ich dir gern diesen oder jenen Tipp ins Ohr: Wie du am besten mit den Hausaufgaben anfängst oder was du tun kannst, wenn du dich in einer Aufgabe total verrannt hast.

Ich habe außerdem noch ein paar Tricks auf Lager, wie du eine Klassenarbeit tipptopp vorbereitest und in der Schule immer klaren Kopf behältst.

Oder interessierst du dich dafür, wie du überhaupt am besten lernst? Wie du mit den Hausaufgaben zügig fertig wirst, wie du dein Rechtschreib- oder Vokabeltraining verbesserst – und obendrein noch Spaß daran hast?

Oder wüsstest du gerne, wie du dich besser konzentrieren kannst und sich so dusselige Fehler, wie zum Beispiel 4 mal 4 gleich 8, nicht mehr bei dir einschleichen? Dann brauchst du nur auf diesen Knopf zu drücken und – Piko – bin ich da!
Und was das Schönste ist: Alles, was ich dir zu sagen habe, geht sonst niemanden was an. Nicht einmal deine Eltern! Für die bin ich so gut wie überhaupt nicht da: Piko, ein Billionstel!
Ja sogar du selbst kannst mich einfach links liegen lassen, wenn ich dir zu sehr auf die Nerven gehe. Ist das ein Angebot? Dann hoffe ich, dass wir uns hin und wieder in nächster Zeit begegnen. Jedenfalls habe ich immer Zeit für dich.
Warum ich das so selbstsicher behaupten kann? Nun, ich habe auch für mich selber immer genügend Zeit. Ich achte nämlich regelmäßig auf acht Punkte:

1. **Nimm dir Zeit zum Lernen.**
2. **Nimm dir Zeit zum Spielen.**
3. **Nimm dir Zeit für deine Freunde.**
4. **Nimm dir Zeit zum Lesen.**
5. **Nimm dir Zeit zum Nachdenken.**
6. **Nimm dir Zeit zum Träumen.**
7. **Nimm dir Zeit zum Musikhören, Fernsehen oder Nichtstun.**
8. **Nimm dir Zeit zum Planen, denn dann hast du auch Zeit für die ersten sieben Dinge.**

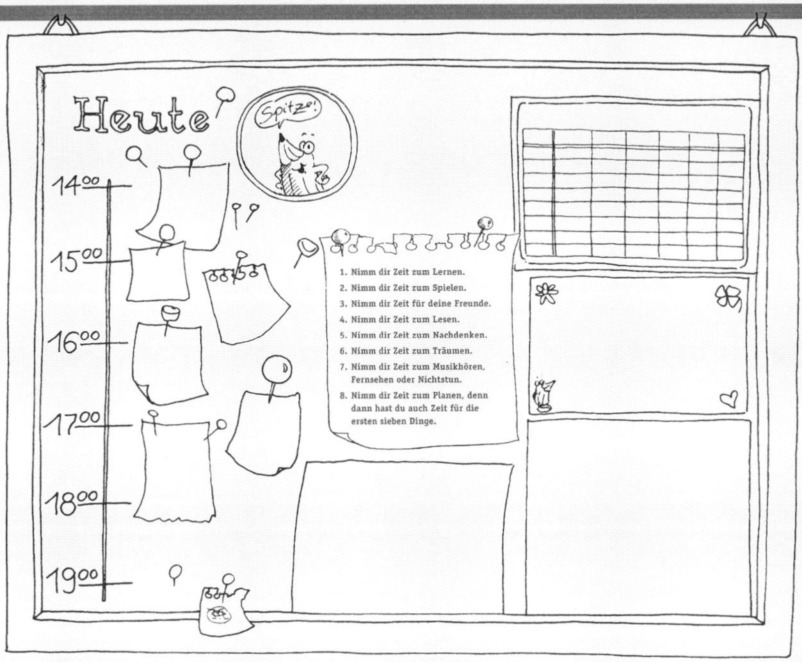

Und damit ich mir das alles leisten kann, hängt obige Pinnwand über meinem Arbeitsplatz.
Seitdem habe ich tatsächlich mehr Zeit. Ich glaube, weil ich nicht mehr so viel Zeit vertrödele. Ich bin erstaunt (und ein bisschen stolz auf mich ...), was ich alles leisten kann.
Schau dir meine Pinnwand nochmals genauer an und kreuze dann hier in deinem Fahrplan an, was du dazu sagen möchtest. Mit deiner Antwort bestimmst du auch, auf welcher Seite du am besten weiterliest. (Aber erst morgen – für heute reicht's nämlich!)

- ❑ **Die Pinnwand finde ich klasse. Ich besorge mir jetzt alles, was ich dazu brauche: Kork oder dicke Pappe, kleine Zettelchen und Pinnnadeln.**
  Seite 18

- ❑ **Piko, das ist echt schwach!**
  Seite 74

- ❑ **Eine Pinnwand mit so viel Zetteln, Plänen und Terminen ist mir zu viel Arbeit. Ich möchte lieber andere Lerntechniken kennen lernen.**
  Seite 26

- ❑ **Mit einer ähnlichen Pinnwand arbeite ich bereits. Ich halte überhaupt sehr viel von Lernplanung.**
  Seite 18

Vom Stundenplan zum Wochenplan

In der Grundschule sind es die Kinder gewohnt, am Nachmittag die Hausaufgaben zu erledigen, die vormittags gestellt wurden. Mit zunehmendem Fachunterricht wird es jedoch immer schwieriger, den Hausaufgabenberg geschickt zu verteilen. Denn es gibt Tage, da wissen die Kinder vor lauter Hausaufgaben nicht, womit sie zuerst anfangen sollen. An anderen wiederum haben sie kaum etwas auf.
Um sich einen Überblick über das Pensum einer Woche zu verschaffen, ist ein Wochenplan sehr nützlich.
Die Grundlage dafür ist der normale Stundenplan. In einem Feld darunter werden die außerschulischen wöchentlichen Termine eingetragen.
Das dritte Feld zeigt den Hausaufgabenplan. Angenommen, es werden tatsächlich in jedem Fach Hausaufgaben gestellt, dann tragen Sie die Fächer hier ein. Die Pfeile kennzeichnen, bis zu welchem Tag die Aufgaben erledigt sein sollen. Fächer, die nur an ein oder zwei Tagen unterrichtet werden, tauchen jeweils mit Fragezeichen am vorhergehenden Tag nochmals im Plan auf. Das bedeutet einmal, zu kontrollieren, ob die Aufgaben tatsächlich erledigt wurden, zum anderen, das Gelernte in diesem Fach nochmals kurz aufzufrischen. Schließlich ist seit der letzten Unterrichtsstunde eine halbe oder ganze Woche vergangen.

Am Beispiel von Daniel fällt auf, dass ausgerechnet an den beiden Tagen mit Musikstunde und Fußballtraining eine ganze Menge Hausaufgaben anfällt.
Hier bietet sich der Montag an, um Mathe zu machen und Biologie und Religion zu wiederholen. Die Englisch- und Deutschaufgaben lassen sich noch auf Dienstag verschieben. Sind in Englisch Vokabeln zu lernen, wäre es natürlich sehr nützlich, sie schon am Montag in Angriff zu nehmen. Sie könnten sich bis Donnerstag schon mal setzen, werden dann kurz wiederholt und sitzen so viel besser.
Wie sieht es am Donnerstagnachmittag aus? Englisch, Deutsch und Musik sind unaufschiebbar. Für Religion und Biologie sollte ein Blick in die Hefte oder Bücher genügen, schriftliche Aufgaben in diesen Fächern werden wohl besser am Dienstag oder Mittwoch bearbeitet. Für die Mathematikaufgaben reicht wohl die Zeit nicht mehr. Drum schiebe ich sie auf den Freitagnachmittag.

Nicht zu unterschätzen ist das vierte Feld. Was gehört für den nächsten Tag in die Schultasche? Wer am Morgen in letzter Minute alles hektisch zusammensucht, darf sich über Schulstress nicht beklagen. Und wer vorsichtshalber einfach alles mitnimmt, hat natürlich Grund zu klagen, wie schwer er's hat ...
So ein Wochenplan liefert nach ein paar Wochen schon das angenehme Gefühl, über seine Zeit selbst zu bestimmen.
Und noch etwas: Wer sich einen guten Überblick verschafft, blickt meistens auch voll durch.

Arbeit mit dem Wochenplan

	Montag	Dienstag	Mittwoch	Donnerstag	Freitag
1.	Englisch	Biologie	Englisch	Englisch	Englisch
2.	Deutsch	Mathematik	Deutsch	Musik	Musik
3.	Sport	Technik	Erdkunde	Deutsch	Deutsch
4.	Sport	Technik	Mathematik	Mathematik	Biologie
5.	Mathematik	Religion	Kunst	Erdkunde	Religion
6.			Kunst		
Termine	15–16 Uhr Musikstunde			16–18 Uhr Fußballtraining	
Hausaufgaben	Mathematik →	Mathematik →	Mathematik →	Mathematik →	→ (Mo)
	Englisch →	→	Englisch →	Englisch →	Englisch → (Mo)
	Deutsch →	→	Deutsch →	Deutsch →	Deutsch → (Mo)
	→	Erdkunde? →	Erdkunde →	Erdkunde →	→ (Mi)
	Biologie? →	Biologie →	→	Biologie? →	Biologie → (Di)
	Religion? →	Religion →	→	Religion? →	Religion → (Di)
	→	→	Musik? →	Musik →	Musik → (Do)
Material	Materialien für Technik?	Materialien für Kunst?			Sind die Sportsachen gewaschen?

Wann lernt mein Kind am besten?

Wenn Sie sich die Leistungskurve von unten anschauen und mit den Beobachtungen bei Ihrem Kind vergleichen, können Sie vielleicht Ähnlichkeiten feststellen. Gewiss, in diesem Schaubild kommen nur grob vereinfachte Durchschnittswerte zum Ausdruck. Wenn Sie bei Ihrem Kind aber ähnliche Werte feststellen können, ist es wohl sinnvoll, die gängige Hausaufgabenpraxis zu überdenken.

Warum nicht versuchsweise Hausaufgabenteile auf den Abend verlegen? Andere Kinder können vor dem Frühstück fantastische Lernerfolge erzielen. Und es gibt Kinder, die werden vormittags erst um 10 Uhr richtig wach. Wann ich am besten lerne, muss ich selbst herausfinden können. Wird meine Lern- und Arbeitszeit mir von anderen verordnet, so ist das zwar bequemer für mich, aber im Regelfall auch weniger ergiebig – und weniger Spaß macht es allemal.

Jede Testphase muss jedoch zeitlich begrenzt sein. Das heißt, Lern- und Hausaufgabenzeiten sollen nicht täglich wechseln. Wer seine Hausaufgaben ein oder zwei Wochen lang zu verschiedenen Zeiten erledigt hat, wird aus seinen eigenen physiologischen Leistungskurven die günstigsten Lernzeiten ermitteln können. Als nächster Schritt folgen festgelegte Zeiten. Diese gilt es eine Zeit lang regelmäßig einzuhalten, damit sich ein Lernrhythmus einstellen kann.

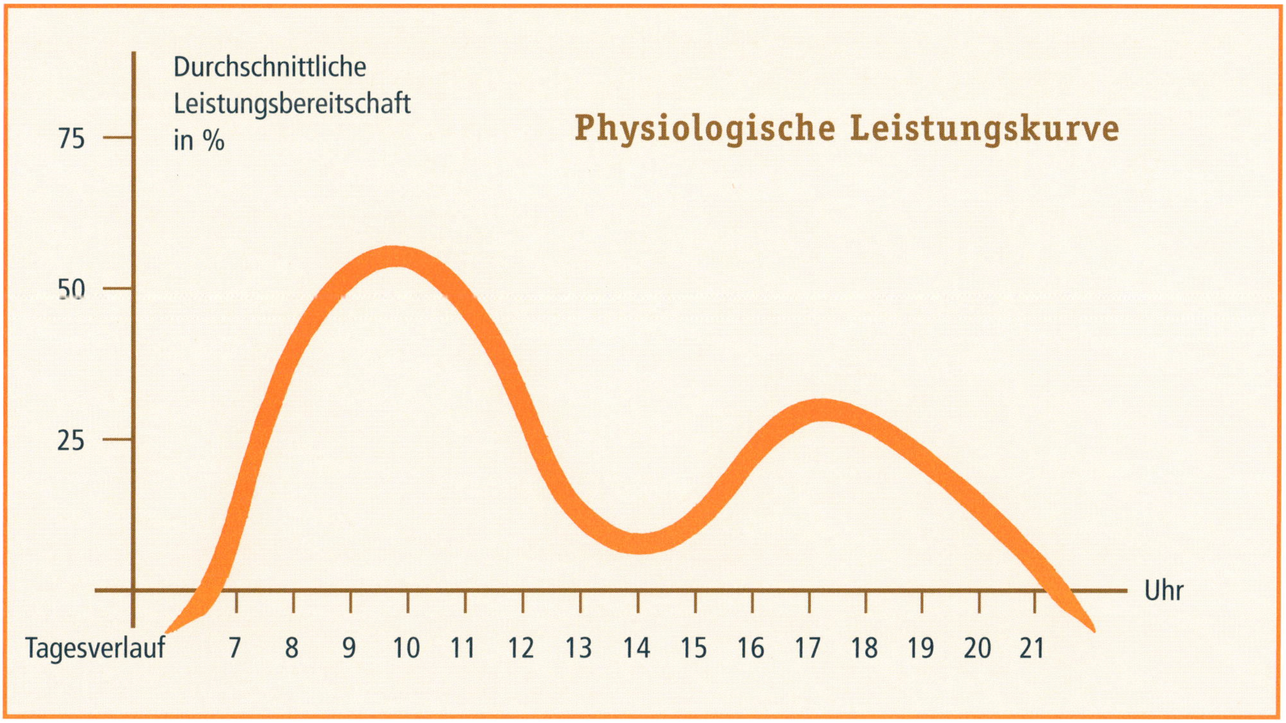

Wie lernt mein Kind am besten?

Wissen Sie, welcher Lerntyp Ihr Kind ist? Begreift es etwas besser, wenn es konzentriert zuhört oder liest? Wie gut behält es etwas, das es aufgeschrieben, gezeichnet oder einem anderen erklärt hat? Und wie gut und gern lernt es in Bildern?
Die folgenden Aufgaben sind für Kinder etwa ab der dritten Klasse geeignet. Wenn Ihr Kind älter ist, geben die Übungen immer noch eine Orientierungshilfe. Lediglich die Lösungen sollten etwas rascher gefunden werden.
Der Test teilt sich in sechs Aufgaben, jeder Teil dauert nicht länger als zehn Minuten. Sie sollten ihn aber nicht an einem einzigen Tag durchziehen, sondern auf sechs nacheinander folgende Tage verteilen.
Alle Testaufgaben sind so aufgebaut:

1. Hinweise auf die erforderliche Vorbereitung.
2. Erklärung der jeweiligen Aufgabe.
3. Bearbeitung der Aufgaben.
4. Einfache Rechenaufgabe zum Zweck einer kurzfristigen Ablenkung.
5. Kontrolle der Aufgabenerledigung.

Wenn das Kind sich bei der Kontrolle an die Aufgaben erinnert, lassen Sie ihm jedes Mal gleich viel Zeit, je nach Alter zwei bis fünf Minuten. Setzen Sie Ihr Kind aber auf keinen Fall unter Druck, sonst ist das Ergebnis nichts wert. Machen Sie ein Spiel daraus.

- **Wie erfahre ich am schnellsten die Stärken meines Kindes?**
  Seite 28
- **Bevor ich mit dem Kind ans Üben gehe, hätte ich gern noch ein paar Hintergrundinformationen.**
  Seite 21
- **»Wann und wie lernt mein Kind am besten?« Das war für mich sehr aufschlussreich. Dazu hätte ich gern den passenden Anschluss.**
  Seite 21
- **Ich möchte jetzt gern mein Kind direkt einbeziehen. Ich bin neugierig, wie es auf das erste Lernexperiment reagiert.**
  Seite 22

Stärkenanalyse: Lernvorlieben auf der Spur

Vorn beim Einstieg war von Stationen die Rede, die mit dem »Express« zu erreichen sind. Bei diesen Lernstationen handelt es sich um eine »Stärkenanalyse im Schnellverfahren«. Wie die Formulierung schon vermuten lässt, geht es dabei nicht um einen umfassenden Test oder eine wissenschaftliche Lernstilanalyse. Sie bekommen jedoch einige Anhaltspunkte an die Hand, wie Sie den Lernvorlieben Ihres Kindes systematisch auf die Spur kommen. Außerdem lernt das Kind bei diesen kleinen Übungen sein Lernen selbst zu reflektieren und sich selbst besser einschätzen zu können. So soll es sich seine Stärken bewusst machen und Möglichkeiten entdecken, wie es diese gezielt einsetzen kann. Denn wer seine Begabungen und Talente kennt, kann dieses Potenzial auch besser nutzen.

In der ersten Übung mit der »grünen Brille« befassen die Kinder sich mit den Fragen, ob das Lernen ihnen besser gelingt, wenn sie klare Strukturen und Ordnungssysteme erkennen. Bevorzugen sie übersichtliche Vorgaben und fühlen sie sich wohl, wenn alles seine Ordnung hat? Wollen sie ein Konzept erkennen und empfinden sie eine gute Gliederung als Arbeitshilfe?

Beim folgenden kleinen »Test« sollen die Kinder die Wörterliste mit größtmöglichem Interesse still durchlesen. Sie brauchen und sollen sie nicht auswendig lernen. Als einziges »System« sollen sie bei jedem Wort kurz innehalten und sich jedes Mal diese drei Fragen stellen:

1. Ist das Wort eln Verb oder eln Substantiv?
2. Ist der Anfangsbuchstabe richtig oder falsch geschrieben, wenn das Wort mitten im Satz stehen würde?
3. Passt es sinnvoll zu einem der drei nächsten Wörter? Vielleicht sogar zu mehreren?

Vielleicht erklären Sie dem Kind noch kurz, wie der Arbeitsauftrag zu verstehen ist, bevor Sie ihm dieses Arbeitsblatt vorlegen. Wenn Sie und Ihr Kind Lust zum spielerischen Ausprobieren haben, kann das Kind für diese Aufgabe ja eine (eventuell mit Transparentpapier selbst gebastelte) Sonnenbrille mit grünen Gläsern aufsetzen?

Lernen mit System

Diese Übung richtet sich zunächst an Sie als Eltern, im Folgenden sollten Sie sie aber auch mit Ihrem Kind durchführen. Um ihre Ansprache zu erleichtern, werden sie hier auch mit »du« angesprochen. Diese Übung setzt sich für die Kinder dann fort im nächsten Kapitel »›Grüne‹ Lernideen«, das wieder als eigentliches Kinder-Kapitel gekennzeichnet ist. (Dasselbe Prinzip gilt für die später folgenden Kapitel »Lernen mit Logik/›Blaue‹ Lernideen«, Seite 44 ff., »Lernen mit Intention/›Rote‹ Lernideen«, Seite 56 ff., und »Lernen mit Fantasie/›Gelbe‹ Lernideen«, Seite 86 ff.)

Nach etwa drei Minuten sollte das Kind die Liste bearbeitet haben. Am besten machen Sie jetzt gemeinsam eine Pause, essen einen Apfel oder trinken ein Glas Milch. Nach etwa zehn Minuten soll das Kind aus dem Gedächtnis alle Wörter aus der Liste aufschreiben, an die es sich noch erinnert. Für jedes richtig erinnerte Wort gibt es einen Punkt. Fünf oder mehr Punkte sind bereits ein gutes Ergebnis, zehn oder noch mehr sogar ein sehr gutes!

Durch die *»grüne Brille«* betrachtest du den Lernstoff *systematisch*.
Lies die folgende Liste Wort für Wort. Du brauchst dir die Wörter nicht merken. Beantworte aber bei jedem Wort diese drei Fragen:

1. Ist das Wort ein Verb oder ein Sustantiv?
2. Ist es richtig oder falsch geschrieben, wenn es nicht am Satzanfang stehen würde?
3. Passt es sinnvoll zu einem der drei nächsten Wörter?

verlieren	**Heizung**
Brille	**Aufräumen**
nachdenken	**Ziel**
Frieren	**ferien**
Lexikon	**stachelschwein**
Kichern	**medizin**
schule	**Lesen**
stolpern	**Entscheiden**
vergessen	**Film**
schaukel	**weinen**

- ❑ **Ich würde als Nächstes gern Näheres darüber erfahren, wie mein Kind die Lernvorliebe für Systematik und Ordnung pflegen kann.**
  Seite 23 – ist aber für Eltern »nicht erlaubt« …
- ❑ **Jetzt würde ich gern »per Express« zur nächsten Farbe des Lernens kommen.**
  Seite 44
- ❑ **Bei dieser Übung hat mein Kind sehr gern mitgemacht.**
  Seite 25
- ❑ **Ich bin mal neugierig, wie mein Kind diese Aufgabe bewertet.**
  Seite 24 – doch das ist »verboten« …

»Grüne« Lernideen

Bei dieser Übung habe ich ______ Punkte erzielt.

Wenn du weniger als fünf Punkte erreicht hast, gehört das systematische Arbeiten wahrscheinlich nicht zu deinen besonderen Lernvorlieben. Trotzdem bist du in der Schule oft auf diese Art des Lernens angewiesen. Du sollst dir immer wieder Fragen stellen, musst Strukturen und Zusammenhänge erkennen. Vielleicht hilfst du dir mit einer der unten aufgelisteten »grünen« Lernideen, diese Fähigkeit etwas zu trainieren. Du findest hoffentlich hier eine Idee, die dir einigermaßen gefällt. Diese kannst du ankreuzen oder am besten grün anmalen und in den nächsten Tagen in der Schule oder bei deinen Hausaufgaben immer wieder mal ausprobieren.

Hast du mehr als fünf oder sogar zehn Punkte erzielt, dann kommst du wohl gut oder sogar sehr gut zurecht beim Lernen mit System. Dann wäre es sehr sinnvoll,

wenn du weitere gute Lernerfahrungen im »grünen Bereich« sammelst. In den folgenden Lernideen findest du sicher einige, mit denen du systematisches und strukturiertes Arbeiten trainieren kannst. Suche dir die drei besten aus und markiere sie mit einem grünen Stift:

- Ich setze Post-its in verschiedenen Farben und Größen zur Ordnungs- und Strukturhilfe ein.

- Ich benutze Textmarker. Zum Beispiel auch bei der Arbeit mit dem Wörterbuch: Schlage ich ein Wort nach, markiere ich es gelb. Muss ich dasselbe Wort später noch einmal nachschlagen, übermale ich das gelbe Wort mit einem grünen Marker.

- Wenn ich an einer Aufgabe sitze, stelle ich mir immer wieder Fragen: Was an dieser Aufgabe kenne ich schon? Wann und wo hatte ich schon einmal eine ähnliche Aufgabe zu lösen? Wie haben wir das im Unterricht gemacht? Was könnte die Lehrerin oder der Lehrer in der nächsten Stunde dazu fragen?

- Ich arbeite mit der Loci-Technik, das heißt, ich teile den Lernstoff in Stichwörter auf, die ich auf einzelne Zettel oder Karteikarten schreibe. Diese platziere ich an bestimmten Orten. (Wie diese Methode genau funktioniert, erfahre ich auf Seite 27.)

- Ich verschaffe mir eine Übersicht durch Lernplanung nach Prioritätenlisten. Ich gebe meinen Aufgaben Punkte oder Sternchen, zum Beispiel:
  **** sehr wichtig und eilt
  *** nicht so wichtig, eilt aber
  ** sehr wichtig, hat aber Zeit
  * nicht so wichtig und hat Zeit

- Ich trainiere mein Zeitgefühl. Ich schätze zu Beginn einer Aufgabe, wie viel Zeit ich für die Bearbeitung wohl benötige. Anschließend vergleiche ich diese mit der tatsächlich benötigten Zeit. (Jedes Mal, wenn ich gut und richtig geschätzt habe, ist das ein richtiges Erfolgserlebnis!)

- Ich verschaffe mir Zeitreserven. Ich plane von Zeit zu Zeit einfach die doppelte Zeit ein.

- Ich mache mir Checklisten mit Stichwörtern, was ich abarbeiten will (oder muss ...). Schon das Zusammenstellen dieser Punkte gibt mir Ruhe und Sicherheit. Außerdem ist das spätere Abhaken ein Vergnügen.

❑ **Ich habe bei der Aufgabe vorhin gut oder sogar sehr gut abgeschnitten.**
Seite 26

❑ **Bei den »grünen Lernideen« habe ich ein paar ganz interessante Tipps gefunden.**
Seite 26

❑ **Die Übung hat mir keinen Spaß gemacht.**
Seite 34

❑ **Ich bin mal neugierig, was bei den anderen Farben herauskommt.**
Seite 44

Vom Gewusst-wo zum Gewusst-wie

Das Erinnern hängt stark davon ab, wie mir der Lernstoff dargeboten wird. Vielleicht haben Sie ja bereits mit Ihrem Kind an der letzten Station beim Lernen mit System nach Strukturen und Zusammenhängen gesucht. Dann ist die nächste Übung eine sehr geeignete Anschluss-Aufgabe. Sie können aber auch ohne diese Vorübung direkt hier einsteigen.

Wenn Ihr Kind Sie demnächst um den Lerntyp-Test bittet, sollten Sie für den ersten Tag zehn kleine Zettel vorbereitet haben.
Bitte schreiben Sie auf jeden Zettel einen Satz. (Kann das Kind Ihre Schrift lesen?)

1. Zettel

Kaninchen können ihre Ohren in alle Richtungen stellen: nach rechts, links, vorn und hinten.

2. Zettel

Eine Giraffe kommt mit einem Schritt achtmal so weit wie ein erwachsener Mensch.

3. Zettel

Heckenrosen haben Stacheln, mit denen sie Vögel und andere Tiere daran hindern, ihre Blätter, Blüten und Knospen zu fressen.

4. Zettel

Bäume leben gewöhnlich länger als Menschen. Sie wachsen ihr ganzes Leben lang.

5. Zettel

Die spitzen Dornen eines Kaktus sind seine Blätter.

6. Zettel

Auch Fische haben Ohren; nur kann man sie nicht von außen sehen.

7. Zettel

Fische haben keine Augenlider, drum müssen sie mit offenen Augen schlafen.

8. Zettel

Der Mond selbst sendet kein Licht aus, sondern er fängt das Sonnenlicht auf und reflektiert es dann zur Erde.

9. Zettel

Auf unseren Fingern befinden sich Linien, die man Hautleisten nennt. Damit hinterlassen wir beim Greifen und Berühren Fingerabdrücke.

10. Zettel

Bei Müdigkeit und Langeweile wird unser Gehirn träge. Es bekommt nicht genug Sauerstoff und wir gähnen. Dadurch atmen wir plötzlich sehr viel Luft ein.

Mein Lern-Stern oder: So kann ich entdecken, wie ich am besten lerne

Hallo! Da bin ich wieder.
Möchtest du wissen, was ein Lern-Stern ist? Soll ich dir sagen, wie du ihn findest und wie er dir zeigt, wo deine Stärken beim Lernen liegen?
Hier ist so ein Gebilde:

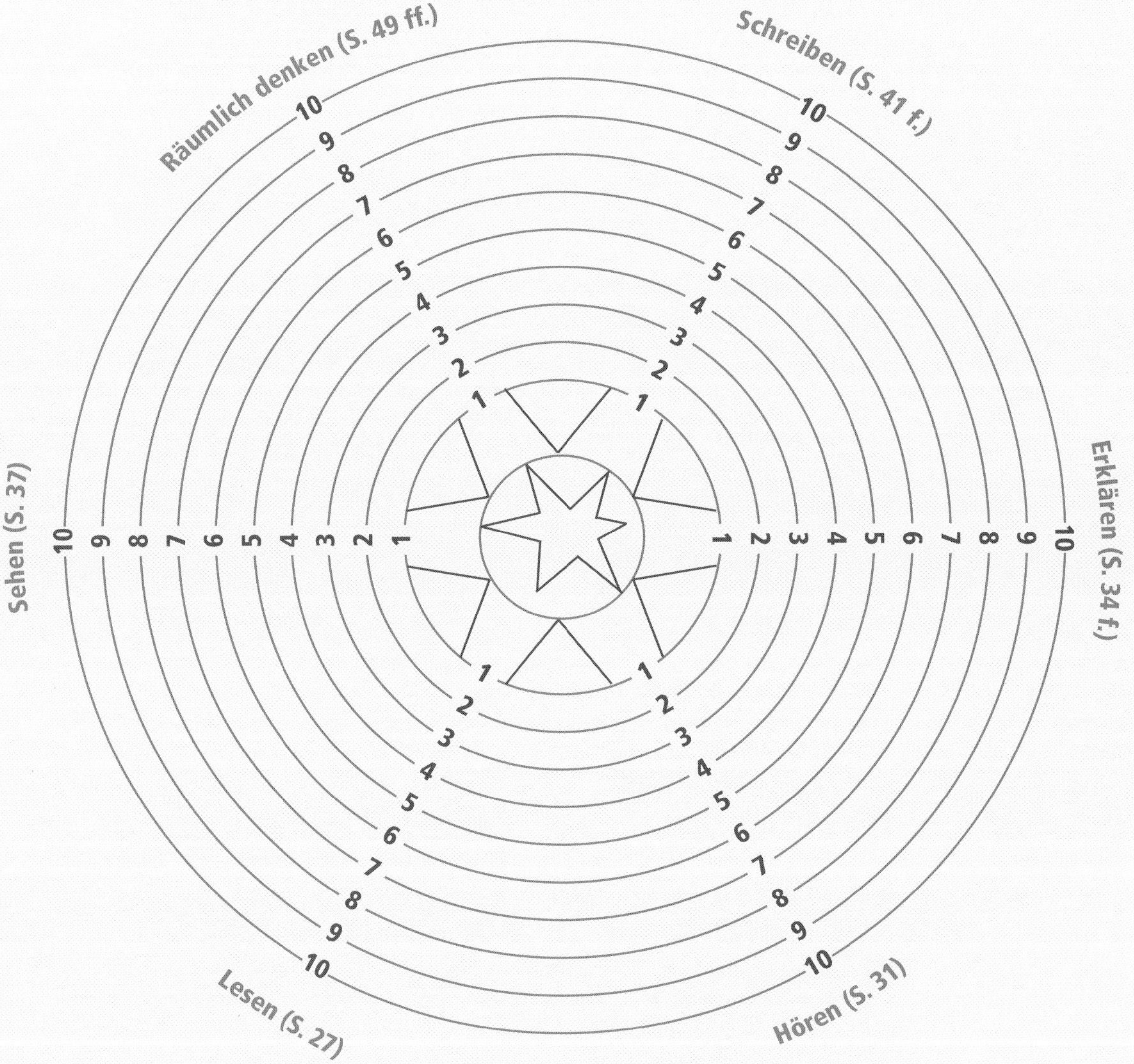

Wenn du mitmachen willst, bekommt dieses Gebilde jeden Tag einen Zacken. Wie lang der Zacken jeweils wird, das hängt ganz von dir und deinen Lerngewohnheiten ab. Da geht es darum, etwas zu lesen oder zu hören, anzuschauen oder einem anderen zu erklären. Den ersten Zacken kannst du dir durch Lesen verdienen.
Wenn deine Mutter oder dein Vater damit rechnen, dass du das Spiel mitmachst, haben sie schon etwas vorbereitet. Du musst deiner Mutter oder deinem Vater nur noch erklären, was sie mit den beschriebenen Zetteln tun sollen. Natürlich darfst du die Zettel nicht lesen, bevor der Test beginnt. Bitte deine Mutter oder deinen Vater jetzt, die zehn vorbereiteten Zettel im Zimmer zu verteilen, und zwar die beschriebene Seite nach unten, also sozusagen die Schrift auf ihr Gesicht zu legen. Du verstehst, wie ich das meine? Also nicht, dass Mutter und Vater denken, sie müssten sich die Zettel aufs Gesicht legen. Aber Entschuldigung, so blöd ist ja kein Mensch. Piko nimmt halt alles supergenau.
So liegen nun die Zettel auf der Fensterbank, unter dem Tisch, auf dem Fernseher oder auf der Sessellehne. Wenn der Test beginnt, gehst du von Zettel zu Zettel und liest den Inhalt still durch. Wenn du alle zehn Zettel gefunden und gelesen hast, kommst du hier zu mir ins Buch zurück und machst an dieser Stelle weiter.
Du hast jetzt drei Minuten Zeit. Alles klar? Dann bitte deine Eltern, dir zu sagen, wann es losgehen kann. Leg noch ein Lineal oder einen Schreibstift hier ins Buch, damit du gleich die Stelle wieder findest. Wenn der Test dir etwas bringen soll, darfst du jetzt hier im Buch nicht weiterlesen.

Sind die drei Minuten nun vorbei? Dann lass die Zettel Zettel sein und denke an etwas ganz anderes.
Wie wär's mit ein bisschen Kopfrechnen?

$4 + 7 - 8 =$	$8 + 9 - 7 =$
$9 - 3 + 5 =$	$5 + 6 + 9 =$

Oder ist dir ein Witz lieber? Kommt ein Huhn in eine Kneipe und bestellt einen Eierlikör – der ist ja uralt.

Jetzt warst du genügend abgelenkt, drum geht es weiter hier im Text.
Schreibe bitte zu jedem Zettel, an den du dich erinnerst, ein Stichwort auf. Du hast zwei Minuten Zeit dafür. Am besten bittest du Mutter oder Vater noch kurz, die Zeit zu stoppen. (Kleiner Tipp am Rande: Weißt du noch, *wo* du die Informationen gelesen hast?)
Wie viele Stichwörter hast du zusammenbekommen? Kreuze diese Zahl auf Seite 26 auf der Achse »Lesen« an. Verbinde diesen Punkt mit zwei Linien zu der Kreisöffnung, so dass sich der erste Zacken eines Sternes bildet.
Bist du mit dem Ergebnis zufrieden? Wenn du zu den Stichwörtern, die dir eingefallen sind, jetzt auch noch erzählen kannst, was alles auf dem betreffenden Zettel stand, dann kannst du besonders stolz sein und dir innerlich noch ein paar Zusatzpunkte geben.
Hat dir der Tipp geholfen, dich daran zu erinnern, wo die Zettel lagen? Dann sei mal gespannt, was du auf Seite 31 hierüber noch erfahren wirst. Für heute jedenfalls ist erst mal Feierabend.

- ❑ **Das war ziemlich blöd. Mit solchen Lernexperimenten kann ich nichts anfangen.**
  Seite 61
- ❑ **Ich bin schon jetzt gespannt, wie mein Lern-Stern am Ende aussehen wird.**
  Seite 31
- ❑ **Wir schreiben in Kürze eine Klassenarbeit. Was hat Piko dazu anzubieten?**
  Seite 114
- ❑ **Immer schön der Reihe nach. Mal sehen, was beim nächsten Lernexperiment herauskommt.**
  Seite 31

Die Loci-Technik oder: Warum Kinder beim Memory so gut sind

Hat Ihr Kind bei der Leseübung mehr als fünf Stichwörter erinnert? Dann hat es unbewusst sicher auch von der Loci-Technik profitiert. Diese Technik gilt als Basis vieler Merksysteme. Sie geht zurück auf Simonides, den griechischen Dichter, der um 500 v. Chr. gelebt hat. Wenn dieser eine Rede zu halten hatte, ging er in Gedanken immer in den Tempel. An jeder Säule hatte er ein bestimmtes Stichwort festgemacht. Hinterher bei seiner Rede ging er geistig von Säule zu Säule durch den Tempel und die Stichworte fielen ihm wieder der Reihe nach ein.

Tatsächlich ist die Stelle, wo ich eine Information ablege oder finde, für viele eine hervorragende Gedächtnisstütze. Geht es auch Ihnen manchmal so, dass Sie sich genau erinnern, wo Sie ein bestimmtes Wort gelesen haben? Oder Sie suchen einen Schlüssel, den Sie verlegt haben. Gehen Sie an die Stelle zurück, wo Sie sicher sind, ihn noch gehabt zu haben, löst sich sehr oft das Suchproblem. Vor allem Kinder sind für dieses Positionslernen besonders begabt. Oder haben Sie schon einmal gewonnen, wenn Sie mit einem Kind Memory gespielt haben?

Auch wenn diese Technik nicht unbedingt das Behalten völlig verbessert, so bietet sie doch den besseren Zugriff, das heißt das Auffinden wird erleichtert. Und das Gewusst-wo ist das A und O jeder Gedächtnisarbeit. Die Position liefert mir Anhaltspunkte für systematisches Suchen. Sie ist oftmals ein Schlüssel, mit dem ich Zugang zu gespeicherten Informationen finde.

Einen ähnlichen Effekt können Sie feststellen, wenn Sie sich an einen Namen erinnern wollen. Er fällt Ihnen im Augenblick nicht ein, aber Sie wissen genau, dass Sie ihn kennen. Er liegt Ihnen sozusagen »auf der Zunge«. Wenn es Sie interessiert, können Sie an einem einfachen Beispiel testen, dass auch Sie mehr Informationen in Ihrem Gedächtnis gespeichert haben, als Sie auf Kommando abrufen können. Bitte decken Sie dazu die rechte Spalte mit den einzelnen Buchstaben ab und beantworten Sie zügig folgende Fragen:

Turngerät zum Kräftigen der Armmuskeln, aus zwei durch Stahlfedern verbundenen Handgriffen bestehend, die auseinander gezogen werden müssen	E
Lehre von den Strömungen von Flüssigkeiten, besonders von Wasser und Öl, durch Rohre. Ihre Anwendungsmöglichkeiten sind zum Beispiel Bremsen und Pumpen	H
Prophetische Schrift über das Weltende	A
Hauptstadt von Kenia	N
Riesiges Amphitheater in Rom	K
Milde Gabe an Arme; oder schäbiges, geringes Entgelt	A

Farbloses oder farbiges, kristallines Mineral, das in zahlreichen Abarten vorkommt und eines der häufigsten der Erdoberfläche ist	Q
Wissenschaftlicher Versuch zur Aufstellung, Bestätigung oder Widerlegung von Hypothesen, Gesetzen oder Theorien	E
Hauptstadt von Uruguay	M
Wissenschaft von der chinesischen Sprache, Kultur und Geschichte	S
Zustand der Gesetzlosigkeit	A
Dünnes Deckblatt aus edlem Holz, das auf weniger wertvollem Holz befestigt wird	F

Wenn Sie nicht alle Fragen beantworten konnten, schauen Sie jetzt in einem zweiten Durchgang zu jeder Frage den rechts stehenden Anfangsbuchstaben des gesuchten Wortes an. Wahrscheinlich werden Sie noch einige Lösungen finden.
Die Auflösung steht auf Seite 120.

So gibt es viele Erkennungssignale, die mir ein Aha-Erlebnis bescheren können. Plötzlich etwas wieder zu finden, was im Gedächtnisspeicher zugeschüttet war, ist schon ein angenehmes Gefühl. Manchmal genügt sogar ein Anfangsbuchstabe oder eine »Tempelsäule«. Natürlich gibt es noch viele andere Verknüpfungsmöglichkeiten. Diesen auf die Spur zu kommen, gilt der nächste kleine Test.
Wenn Ihr Kind Sie darum bittet, lesen Sie ihm langsam die folgenden zehn Informationen vor. Bevor Sie den nächsten Abschnitt lesen, soll Ihr Kind den Inhalt sinngemäß wiederholen. Machen Sie zwischen den einzelnen Informationen ungefähr fünf Sekunden Pause.

1. Käfer, die lange Fühler haben, können nicht gut sehen. Sie tasten sich mit ihren Fühlern vor.
2. Ameisen können sich unterhalten, ohne Laute abzugeben. Sie berühren sich einfach mit den Fühlern. So teilen sie sich zum Beispiel mit, wo es etwas zum Fressen gibt.
3. Der Frosch frisst im Herbst so viel wie möglich, um im Winter während seines Winterschlafs von seinem Fett zehren zu können.
4. Die Ringe auf einer Muschel oder einem Schneckenhaus sind wie die Jahresringe eines Baumes, an denen man ihr Alter erkennen kann.
5. Sternschnuppen sind kleine Gesteinsbrocken, die sich auf ihrem Flug stark erhitzen. Meistens verglühen oder verdampfen sie bei ihrem Eintritt in die Erdatmosphäre.
6. Wenn der Mond aufgeht, kommt er uns größer vor, als wenn er hoch am Himmel steht. Das trifft nur so lange zu, wie wir ihn mit der Größe von Gebäuden oder Bäumen am Horizont vergleichen können.
7. Pflanzen brauchen keinen Schlaf, weil sie kein Gehirn haben, das sich erholen muss.
8. Wenn Licht auf einen Gegenstand fällt, den es nicht durchdringen kann, so entsteht ein Schatten.
9. Manchmal regnet es, obwohl die Sonne scheint und nirgends Wolken zu sehen sind. Dann kommt der Regen aus weit entfernten Wolken und wird von starken Winden herbeigeweht.
10. Bei einem Gewitter kann man manchmal einen elektrischen Funken von einer Wolke zur anderen oder zur Erde überspringen sehen. Dann blitzt es.

Anschließend beschäftigt Ihr Kind sich mit ein paar Kopfrechenaufgaben. Danach lassen Sie ihm zwei bis drei Minuten Zeit, sich an die einzelnen Informationshäppchen zu erinnern und aus jedem die entscheidenden Stichwörter aufzuschreiben.

Zum Abschluss lesen Sie ihm aus jedem Abschnitt nur den letzten Satz oder Nebensatz vor:

1. Sie tasten sich mit ihren Fühlern vor.
2. So teilen sie sich zum Beispiel mit, wo es etwas zum Fressen gibt.
3. ... von seinem Fett zehren zu können.
4. ... an denen man ihr Alter erkennen kann.
5. ... verdampfen sie bei ihrem Eintritt in die Erdatmosphäre.
6. ... mit der Größe von Gebäuden oder Bäumen am Horizont vergleichen können.
7. ... weil sie kein Gehirn haben, das sich erholen muss.
8. ... so entsteht ein Schatten.
9. ... aus weit entfernten Wolken und wird von starken Winden herbeigeweht.
10. Dann blitzt es.

- ❑ **Das erste Lernexperiment habe ich meinem Kind noch gar nicht angeboten.**
  Seite 25
- ❑ **Der erste Test mit den versteckten Zetteln war ein Reinfall. Das zweite Experiment war nicht viel besser. Aber noch geben wir die Hoffnung nicht auf.**
  Seite 32
- ❑ **Mein Kind ist ganz bei der Sache. Das macht sogar mir selber Spaß.**
  Seite 32
- ❑ **Ich kann mir nicht recht vorstellen, was diese Lernexperimente meinem Kind bringen sollen.**
  Seite 66

Vielleicht kannst du besser hören, als du denkst

Wie du siehst, habe ich keine Ohren. Trotzdem kann ich ganz gut hören. Geht es dir vielleicht umgekehrt? Möchtest du trotzdem ganz gern wissen, wie lang deine Ohren sind, ich meine, wie lang der Zacken in deinem Lern-Stern beim Hören wird? Dann sei mal gespannt, was deine Mutter oder dein Vater dir dazu anbieten.

Du hast nichts anderes zu tun, als dich bequem hinzusetzen, die Augen zu schließen und nur zuzuhören. Vater oder Mutter liest dir kurze Informationen vor. Da geht es um Käfer, Ameisen, Sternschnuppen oder Gewitter. Nach jedem Thema wiederholst du mit deinen Worten, wie du die Informationen verstanden hast. Danach hörst du den nächsten Text – und so wiederholt sich das zehnmal.

Im Anschluss daran ist wieder Kopfrechnen angesagt:

16 – 7 + 3 =
13 – 5 – 2 =
6 – 3 + 9 =
4 x 3 + 7 =
14 : 7 + 8 =

Ist dir die Rechnerei wieder zuwider? Wie wär's dann mit einem kleinen Witz? Zum Beispiel dem hier:
Kommt ein Huhn in eine Kneipe – ach so, den kennst du ja schon! Oder nicht? Ach, der ist ja auch blöd.
Du hast bestimmt mehr davon, wenn du jetzt zwei bis drei Minuten lang in Stichwörtern aufschreibst, was du von vorhin noch im Ohr hast.
Hast du es?

Bitte deine Eltern, bevor du dein Ergebnis kontrollierst, dir aus jedem der zehn Abschnitte noch einmal *nur den letzten Satz* vorzulesen.
Danach hast du eine Minute Zeit, deine Stichwörterliste zu ergänzen. Wie viele sind dir noch eingefallen?
Jetzt bekommt dein Lern-Stern auf Seite 26 den nächsten Zacken. Egal, wie groß er ist, auf den Seiten 101/102 habe ich für dich noch ein paar heiße Ohrentipps.
Doch für heute liegt die Betonung ja auf Hören. Drum heißt es jetzt: Auf-hören!

- ❑ **Ich habe keine Lust an diesen komischen Tests.**
  Seite 61
- ❑ **Ich habe schon Spannenderes gemacht. Aber mittendrin aufhören ist auch nicht mein Fall.**
  Seite 34
- ❑ **Mein Lern-Stern interessiert mich nicht. Ich würde lieber erfahren, wie ich mich besser konzentrieren kann.**
  Seite 74
- ❑ **Ich will nicht übertreiben, aber irgendwie macht mir die Sache sogar Spaß.**
  Seite 34

Vom Hören zum Zuhören und Erklären

Ganz gleich, wie gut Ihr Kind hier abgeschnitten hat, Hören ist ein Lernweg, der lange nicht so wirkungsvoll ist, wie Erwachsene immer meinen. Oder warum sonst predigen, schimpfen oder erklären wir so viel?
Auch Frau Meister hat offenbar vergessen, wie es ihr als kleines Mädchen dabei ergangen ist, als sie eines Tages zu ihrem Vater sagte: »Papa, ich möchte fotografieren lernen. Wenn wir nächste Woche unseren Ausflug machen, würde ich gern ein paar Bilder knipsen. Darf ich den Fotoapparat mitnehmen? Aber du musst mir noch zeigen, wie das geht.«
Ihr Vater war gut gelaunt, hatte Zeit für seine Tochter Uschi und fing an zu erklären: »Sieh mal, hier, das ist die Blende und hier die Zeit. Die Kamera hat ein besonders gutes Objektiv. Um auf den Film scharfe Bilder zu bekommen, musst du hier die passende Bildweite einstellen. Auf der Skala kannst du die Werte in Metern ablesen.«
Uschi unterbrach ihn: »Ich glaube, du brauchst mir nicht weiterzuerklären. Ich kapier das nicht. Ich nehm den Apparat lieber doch nicht mit. Zum Fotografieren bin ich wohl zu blöd.«
Wer so gewaltig auf Kinder einredet, darf sich nicht wundern, dass sie einfach abschalten. Wer pausenlos von einem Wortschwall berieselt wird, fühlt sich mit der Zeit genervt. Dann können sogar gut gemeinte Tipps und nette Geschichten aggressiv machen.
Ein gutes Gespräch hängt aber nicht nur davon ab, wie viel oder wie wenig wir reden. Vielmehr ist es geprägt von unserer Fähigkeit zuzuhören, dem anderen Gelegenheit zum Sprechen zu geben, ihn vielleicht zum Reden zu ermuntern.
Hierzu bietet sich eine kleine Übung als dritter Test an.

Bitte schreiben Sie die 20 Begriffe als Wortpaare auf zehn einzelne Kärtchen.

Stuhl – Sessel
Schere – Messer
Dackel – Pudel
Wolle – Schnur
Freund – Bruder
Zeitung – Fernsehen
Tür – Tor
Mond – Stern
Straße – Weg
Segelboot – Tretboot

Wie es weitergeht, wird Ihnen Ihr Kind erklären. Sollten Sie die Aufgabe nicht verstehen, müssen Sie Ihr Kind eben fragen. So lange, bis Sie alles verstanden haben.

- ❑ **Es läuft. Wir machen weiter so!**
  Seite 36
- ❑ **Mein Kind hat keine Lust mehr.**
  Seite 60
- ❑ **Jetzt käme ich doch ganz gern mit dem »Express« weiter.**
  Seite 43
- ❑ **Noch erkenne ich nicht, wohin die Reise geht. Aber ich fahre zuversichtlich im Programm fort.**
  Seite 33

Gianni Rodari

Brif, Bruf, Braf

In einem Hof spielten einmal zwei Kinder ein lustiges Spiel. Sie dachten sich eine ganz besondere Sprache aus, in der sie miteinander reden konnten, ohne dass andere Leute eine Silbe davon verstanden.
»Brif, braf«, sagte der Erste.
»Braf, brof«, antwortete der Zweite. Und dann lachten alle beide ganz toll.
Im oberen Stockwerk des Hauses saß ein alter Herr auf dem Balkon und las seine Zeitung. Im Haus gegenüber lehnte eine alte Frau zum Fenster hinaus, die weder gut noch schlecht war.
»Was sind das für dumme Kinder, die zwei da unten«, sagte die Frau. Aber der alte Herr war nicht ihrer Meinung: »Das finde ich nicht.«
»Sagen Sie nur nicht, dass Sie verstanden hätten, was sie eben gesagt haben.«
»Doch, ich habe alles verstanden. Der Erste sagte: ›Was für ein herrlicher Tag heute.‹ Und der Zweite antwortete: ›Morgen wird's noch viel schöner.‹«
Die alte Frau rümpfte die Nase, schwieg aber still, weil die Kinder unten im Hof wieder angefangen hatten, sich in ihrer Geheimsprache zu unterhalten.
»Maraschi, barabaschi, pfiffirimoschi«, sagte der Erste.
»Bruf«, antwortete der Zweite. Und wieder brach ihr tolles Gelächter los.
»Wollen Sie das auch wieder verstanden haben?«, rief die alte Frau erbost ihrem Nachbarn zu.
»Sicher«, antwortete der alte Herr lächelnd. »Der Erste hat gesagt: ›Wie sind wir doch froh, dass wir auf der Welt sind!‹ Und der Zweite hat ihm geantwortet: ›Die Welt ist ganz wunderbar!‹«
»Aber ist sie wirklich wunderbar, die Welt?«, bohrte die alte Frau weiter.
»Brif, bruf, braf«, antwortete der alte Herr.[2]

Kannst du dir das erklären?

Du hast doch bestimmt schon öfter ein Rate- oder Suchspiel mitgemacht? Hast du dann lieber versteckt oder gesucht?
Kannst du dich noch an die Zeit erinnern, als ihr gern Schule gespielt habt? Warst du da gern Schüler oder Schülerin oder lieber Lehrer/in?
Also, wenn du mich fragst, muss ich klipp und klar erklären: Es gibt kaum was Schöneres für mich, als einem lieben Menschen etwas zu erzählen oder zu erklären. Wenn so ein lieber Mensch mir dann auch wirklich zuhört – und das merke ich auf jeden Fall an seinem Gesicht und seinen Fragen –, dann bin ich jedes Mal ganz happy. Dabei ist es schon vorgekommen, dass ich eine Aufgabe, die ich einem anderen erklärt habe, beim Reden selbst erst richtig kapiert habe. Mit anderen Worten, wer erklärt oder erzählt, hat selbst am meisten davon.
Was meinst du, wie groß dein Lern-Stern-Zacken wird, wenn du etwas erzählen und erklären sollst?
Deine Mutter oder dein Vater hat wieder ein paar Kärtchen vorbereitet. Auf jedem Kärtchen stehen zwei Wörter. Zum Beispiel:

Wurst – Käse

(Daran siehst du schon, dass nicht nur Käse draufsteht.)
Wenn du ein solches Kärtchen bekommst, hast du folgende Aufgabe zu lösen:

1. Entscheide dich für eines dieser beiden Wörter, über das du etwas sagen sollst.
2. Das andere Wort streiche bitte durch.
3. Erkläre deiner Mutter oder deinem Vater, welches Wort du ausgesucht hast. Dabei darfst du das Wort selbst aber nicht verraten. Beschreibe es mit eigenen Worten so lange, bis bei deinen Eltern der Groschen fällt. Wenn sie allerdings aus deinen Erklärungen nicht schlau werden, dürfen sie natürlich Fragen an dich stellen.
Angenommen, du hättest dich für das Wörtchen »Wurst« entschieden, dann könntest du zum Beispiel ungefähr sagen: »Mein ausgesuchtes Wort kann man essen. Es ist rund. Manchmal auch viereckig.« Vielleicht fragt Mutter/Vater jetzt dazwischen: »Wann haben wir das letzte Mal davon gegessen?« Du beantwortest die Frage und erklärst so lange weiter, bis du das Stichwort »Wurst« als Antwort hörst.
4. So verfährst du der Reihe nach mit allen zehn Kärtchen.

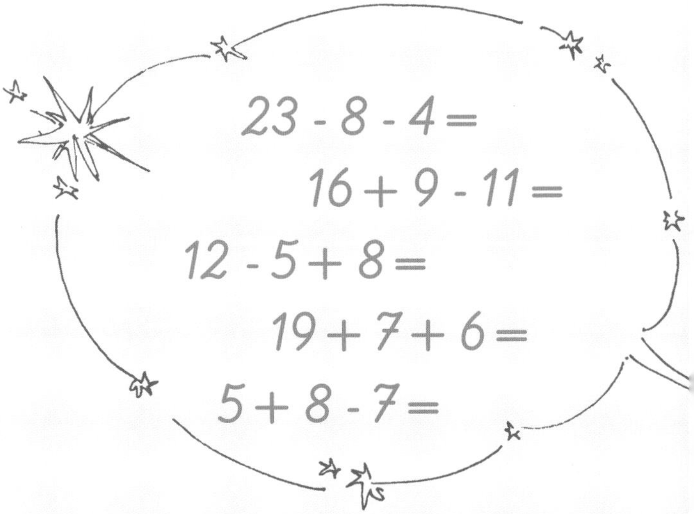

Danach kommt wieder, wie du weißt, ein bisschen Grips-Gymnastik:

Hast du die Aufgaben schon gerechnet?
Und vorher hast du die zehn Wörter schon erklärt? Prima!
Dann kann ich dir zum Abschluss ja noch einen kleinen Witz erzählen. – Ach, Entschuldigung, ich glaube, das Huhn mit dem Eierlikör geht dir jetzt langsam auf die Nerven ...

Bevor du dich über diesen dummen Witz grün und blau ärgerst, schreibe doch lieber deine ausgesuchten und erklärten Wörter auf. Wer sich ärgert, vergisst nämlich viel – und wer sich sehr ärgert, vergisst auch sehr viel.
An wie viele Wörter hast du dich erinnert? Sind es auch die richtigen, die du aufgeschrieben hast?
Inzwischen hast du ja schon Übung, wie du deinen nächsten Zacken auf Seite 26 zeichnen sollst. Ist er länger als fünf Ringe geworden?
Dann muss ich dir auf den Seiten 102/103 noch ein paar Sachen erklären, was du mit Erklären alles erreichen kannst. Mir geht es jedenfalls so. Alleine zu lernen, finde ich oft langweilig. Ich habe herausgefunden, dass ich mit Freunden zusammen ganz gut lernen kann. Das macht mehr Spaß und spart mir Zeit.
Allerdings ist es auch schon vorgekommen, dass wir ganz etwas anderes gemacht haben, was mit Lernen überhaupt nichts zu tun hatte. »Piko!«, sage ich mir dann immer, »nobody is pikobello!«

- ❑ **Allmählich kommt mein Lern-Stern in Form.**
  Seite 37
- ❑ **Wie soll ich etwas erklären, wenn mir kein Mensch zuhört?**
  Seite 65
- ❑ **Hoffentlich lässt Piko mich bald mit seinem Huhn in Ruhe!**
  Seite 37
- ❑ **Das war ja nicht gerade aufregend. Aber nun zieh ich die Sache durch.**
  Seite 37

Bilder, die beim Lernen helfen

War die letzte Übung ein Erfolgserlebnis für Ihr Kind? Dann bieten sich doch Wiederholungen an. Denn Fragen regen mehr zum Denken an als Antworten. Natürlich ist das Verfahren zeitaufwändiger. Wenn Ihr Kind Sie fragt: »Auf dem Glas steht 0,4. Ist das ein Viertelliter?«, dann können Sie das sicher gut erklären und das Problem rasch lösen. Sie könnten aber auch das Kind erklären lassen. Bevor Sie nach Flaschen und anderen Gläsern als Vergleichsgröße fragen, könnten Sie sich erklären lassen, woraus Ihr Kind seine Einschätzung mit dem Viertelliter ableitet. Wenn Sie dabei genau zuhören, finden Sie bestimmt einen Punkt für eine gute Anschlussfrage. Wichtig ist dabei, dass Sie Ihr Kind in Ruhe überlegen und ausreden lassen. Wer wirklich überlegt, verträgt es nämlich nicht, dass ihm jemand ständig mit gut gemeinten Erklärungen dreinredet.

- **Ich bin gespannt, wie mein Kind diese Aufgabe lösen wird.**
  Seite 38
- **Inzwischen kann ich schon recht gut einschätzen, was für ein Lerntyp mein Kind ist.**
  Seite 52
- **Mit dem Express geht es hoffentlich etwas anspruchsvoller weiter.**
  Seite 53
- **Mein Kind streikt; es hat die Lust an diesen Lernexperimenten verloren.**
  Seite 60

»Wie kommt das Kind darauf? – Woraus leitet es jetzt diesen Gedanken ab? – Wie stellt es sich das vor?«
Wer so etwas nicht vorwurfsvoll, sondern ernst gemeint fragt, bekommt viele Hinweise auf den Lerntyp und die Denkweise seines Kindes.
Was »sieht« Ihr Kind, wenn es etwas liest oder hört? Hat es eine lebhafte Fantasie? Wie gut lernt es in Bildern? Kann es konkrete Bilder auf abstrakte Lernstoffe übertragen? Wie verbindet Ihr Kind Sprache mit Bildern – und umgekehrt?

Auskunft über solche und ähnliche Fragen soll der nächste Test-Baustein geben.
Ihr Kind soll sich die folgenden Bilder in Ruhe anschauen und zu jedem etwas erzählen, ein Sätzchen oder eine kleine Geschichte, zum Beispiel: »Das sieht aus wie die Figur am Brunnen vor der Schule ...«
Und während es jedes Bild erläutert, malt es dieses ab oder zeichnet eine eigene einfache Skizze.

Sieh mal einer an

»Der Schiedsrichter steht jetzt hinter dem Verteidiger, vor dem der Stürmer läuft. Jetzt rennt der Schiedsrichter neben dem Stürmer, hinter dem der Verteidiger her ist!« So schallerte es am laufenden Band aus dem Radio. Ich verstand nur Bahnhof und guckte wahrscheinlich wie ein Auto. »Es gibt Dinge, Piko«, sagte ich mir, »die musst du einfach gesehen haben.« Und so kam ich auf die Idee mit dem Mal- und Bildertest.

Wenn du dir nachher die Bildchen auf Seite 36 von deinen Eltern zeigen lässt, betrachte jedes einzelne und erfinde eine kleine Geschichte dazu. Zum Beispiel, wo du so etwas schon einmal gesehen hast oder was man damit machen kann. Bei dem Schlüssel könntest du erzählen: »Auf dem Schulhof habe ich einen Schlüssel gefunden. Er sah aus, als ob er zu einem riesigen Tor gehört. Vielleicht zu einem Burgtor oder richtigen Schloss.« Während du so sprichst, malst du den Schlüssel oder das betreffende Bild mit ein paar Strichen ab oder zeichnest eine eigene einfache Skizze davon.

Wenn du das zehnte Bild fertig hast, heißt es wieder: Rechnen, bitte!

$6 + 12 - 8 =$

$14 - 5 + 3 =$

$13 - 7 - 2 =$

$5 + 4 + 7 =$

$19 + 4 - 9 =$

$11 - 9 + 7 =$

Ohne die Abbildungen und deine Zeichnungen nochmals anzuschauen, schreibe auf, an welche Bilder du dich erinnerst. Du brauchst nur die Begriffe notieren, wie du die Bilder genannt hast.
Wenn du das Ergebnis jetzt in deinem Lern-Stern einträgst, ist schon der vierte Zacken fertig.
Wenn du jetzt gut im Bilde bist, könnte dir ein Lernplakat gute Dienste leisten. Wie so was aussieht, erzähle ich dir ab Seite 103.

- ❑ **Na, bald ist es ja geschafft!**
  Seite 41
- ❑ **Ich hätte nicht gedacht, dass ich mit dieser Aufgabe so gut zurechtkomme.**
  Seite 41
- ❑ **Erstaunlich, was ich mir besser merken kann, wenn ich es gezeichnet habe.**
  Seite 26
- ❑ **Ich möchte bloß wissen, wer sich diesen Blödsinn ausgedacht hat.**
  Seite 3

Schreiben als Kopf- und Handarbeit

Das Lernen fällt leichter, wir verstehen Gelerntes besser und können es länger behalten, wenn wir uns etwas darunter vorstellen können. Dabei ist es allerdings sehr wichtig, dass die Bilder nicht aus der Konservendose kommen, sondern frisch im Kopf entstehen. Wer sich nur fertige Bilder liefern lässt, wird zu bequem zum Selbermachen. Gerade weil das Fernsehen in vielen Familien regelmäßiger auf der Tagesordnung steht als das Frühstück, ist die Frage nicht unbedeutend, welche Auswirkungen das auf das Lernverhalten des Kindes hat.

Das Fernsehen ist eine Realität, an der heute niemand vorbeikommt. Das macht aber die Überlegung umso wichtiger, wie ich damit umgehe. Wer es als Kind nicht lernt, sich der Medien kritisch und kontrolliert zu bedienen, läuft Gefahr, sich auch später als Erwachsener von ihnen bestimmen zu lassen.

Wahrnehmen und Verstehen ist nur die eine Seite. Die gefühlsmäßige Bindung die andere. Beliebte Vorabendserien beweisen, dass nicht nur Kinder Gefühle mit Personen und Ereignissen verbinden und speichern.

Werden besonders starke Gefühle ausgelöst, fehlt die Energie zum Abschalten. Besonders Kinder, die allein vor dem Fernseher sitzen, fallen in ein emotionales Loch. So entwickelt sich der Vielseher, der aus Angst, mit seinen Gefühlen allein dazusitzen, nicht abschalten kann. Der amerikanische Medienforscher George Gerbner hat festgestellt, dass Vielseher ängstlicher sind als Wenigseher. Weil sie nicht abschalten, können sie das Geschehen nicht durchdenken und verarbeiten und werden so gefühlsmäßig überstrapaziert. Mit der Zeit stumpfen so Gefühle ab.

Das gilt auch für den Bereich der Wahrnehmung. Wenn mir auf dem Bildschirm alle paar Sekunden eine neue Szene geboten wird, kann im Gedächtnis keine bildhafte Speicherung stattfinden. Ich sitze einfach sprachlos da. Dabei sind gerade Bilder sogar Voraussetzung zur Sprache. Die frühesten Schriften der Menschen bestanden aus Bildern und Hieroglyphen. So berichten heute noch jahrtausendealte eingeritzte, gemeißelte oder gemalte Zeichen vom Leben der Menschen. Der Übergang von der bildhaften Darstellung zur Buchstabenschrift vollzog sich erst zwischen 2800 und 1100 v. Chr.

Auch heute noch kommt an dieser Fertigkeit des Schreibens niemand vorbei. Vielleicht macht es deshalb so vielen keinen rechten Spaß, weil das Muss dahinter steht. Außerdem werden uns kaum sonst irgendwo derart klar und regelmäßig Fehler vor Augen geführt.

Schreiben als Chance beim Lernen kann nur entdecken, wer vom Müssen zum Wollen findet. Und das ist fast nur zu erreichen, wenn Schreiben kein Selbstzweck bleibt, sondern lediglich das Mittel zum Zweck bildet. Wer Erfolgserlebnisse beim Spielen mit dem Alphabet verbuchen kann, wer persönliche Kontakte durch liebevolle Briefe pflegt, wer spürt, dass ihm das Aufschreiben eine große Hilfe ist, etwas besser verarbeiten oder zumindest sich merken zu können, der kann eine andere Beziehung zu diesem Tun aufbauen als beispielsweise ein Legastheniker, dem das Schreiben physische und psychische Qualen bereitet.

In diesem Test-Baustein geht es nicht darum, eine etwaige Rechtschreibschwäche zu ermitteln, sondern vielmehr darum, dass Ihr Kind entdecken soll, inwieweit das Schreiben ihm beim Lernen eine Hilfe ist.
Lassen Sie Ihr Kind diese fünf Kurzgeschichten durchlesen und aus jeder die beiden farbig hervorgehobenen Stichwörter herausschreiben.

1 Piko sieht unseren neuen **Toaster**. Er findet es lustig, wie die gerösteten Brotschnitten von selbst aus den Schlitzen springen. Schließlich entdeckt er den **Regler** mit den Zahlen und fragt mich: »Kannst du damit einstellen, wie hoch die Brote fliegen sollen?«

2 Piko ging einmal mit mir spazieren. Er wunderte sich über seinen langen **Schatten**. Plötzlich legte er sich flach auf den **Bauch**. »Was machst du da?«, fragte ich neugierig. »Ich messe nach, wer länger ist, mein Schatten oder ich«, antwortete Piko.

3 Bei unserem letzten Klassenausflug kamen wir an eine große Wiese. »Hier können wir eine Pause machen«, sagte unsere Lehrerin. Plötzlich galoppierte ein **Stier** auf sie zu. Alle Kinder liefen schreiend auseinander. Nur die Lehrerin blieb mutig stehen. Der Stier hielt schnaubend an, starrte ihr eine Weile in die Augen und ergriff dann die **Flucht**. »Der ist aber schlau«, flüsterte Piko mir ins Ohr.

4 Als die Mücke zum ersten Mal den Löwen brüllen hörte, da sprach sie zur Henne: »Der **summt** aber komisch.« »Summen ist gut«, lachte die Henne. »Was denn sonst?«, fragte die Mücke. »Er **gackert**«, antwortete die Henne und fügte hinzu: »Aber das tut er allerdings komisch.«

5 Als ich letztes Jahr in die Ferien fuhr, saß ich im Zug einer älteren Dame gegenüber. Ich kaute auf meinem **Kaugummi** herum und sie lächelte mir immer wieder zu. Ich hätte gern irgendwas mit ihr geredet. Aber ich fand kein Thema. Da fing die Dame von sich aus an: »Es ist nett von dir, dass du mir so viel erzählst, aber ich verstehe kein Wort. Ich bin nämlich **schwerhörig**.«

- ❑ **Bis jetzt haben wir gemeinsam schon einige sehr nützliche Entdeckungen gemacht.**
  Seite 46
- ❑ **Alle reden von der Bedeutung des Schreibens, nur mein Kind will das einfach nicht glauben.**
  Seite 60
- ❑ **Mein Kind schaltet sofort ab, wenn es das Stichwort »Schreiben« nur hört.**
  Seite 53
- ❑ **Ob ich dem Geheimnis »Was für ein Lerntyp ist mein Kind?« demnächst auf die Spur komme?**
  Seite 46

Schreiben ist spitze

Eine SMS bekomme und verschicke ich gerne. Aber manchmal schreibe ich sogar einen Brief. Wer schreibt, wird nicht so schnell vergessen – und ich vergesse nicht so schnell, was ich geschrieben habe. Es ist sicher lohnend, kurz zu testen, was dir das Schreiben bringt.

Auf den Seiten 39/40 habe ich fünf kurze Geschichten für dich aufgeschrieben. Lies sie doch bitte mal langsam durch. Nach jeder Geschichte machst du eine kleine Pause und schreibst auf einen Zettel die zwei farbig hervorgehobenen Stichwörter auf, die dir diktiert werden. Wenn du alle zehn Wörter aufgeschrieben hast, kannst du hier an dieser Stelle wieder weiterlesen.

Hast du die zehn Stichwörter notiert? Dann gib den Zettel deiner Mutter oder deinem Vater. Und wie du dir schon denken kannst, sind jetzt wieder Zahlen dran. Das kommt ja schon zum x-ten Mal vor. Drum gibt es jetzt nur Mal-Aufgaben:

Weißt du eigentlich, dass ich dir schon immer mal einen Witz erzählen wollte? Und zwar den mit dem Huhn, das in eine Kneipe kam? Dann hör mal zu: Also, kommt da ein Huhn in eine Kneipe und bestellt einen Eierlikör. – Quatsch, den hab ich wohl schon erzählt.

Aber was viel Gescheiteres: Weißt du noch, welche Stichwörter du eben aufgeschrieben hast? Schreibe sie doch bitte nochmals auf. An welche erinnerst du dich noch? Natürlich ohne zu spicken.

Na, was für einen Zacken bekommt dein Lern-Stern hierfür auf Seite 26? Kann sich das Ergebnis sehen lassen? Dann sind meine Schreib-Ideen vielleicht auch für dich spitze Ideen.

Ich muss zugeben, dass auch mir das Schreiben manchmal schwer fällt. Dann muss ich mich selber überlisten. Ein kleiner Trick hilft mir dabei: Ich habe mir ein schönes Plakat gemalt und über meinen Schreibtisch gehängt:

3 x 4 x 2 =
2 x 7 x 3 =
4 x 2 x 3 =
5 x 7 x 1 =
4 x 4 x 3 =
3 x 5 x 4 =

Ich weiß nicht, warum, aber mir hat das schon oft geholfen. Da geht es mir wahrscheinlich wie meinem Freund, der in seinem Buch geschrieben hat:
»Nirgends war ich so frei wie beim Tagebuchschreiben. Ich konnte meinen Gefühlen freien Lauf lassen. Ob ich nun verärgert oder traurig war, mich tollpatschig oder sehr geschickt anstellte, ob ich glücklich und zufrieden war, mit Freunden zusammensaß oder mich einsam fühlte, das Tagebuchschreiben war mir immer eine Hilfe, mich selbst nie aus den Augen zu verlieren. Oft genug ging mir erst beim Niederschreiben ein Licht auf. Es war wie beim Fotografieren: Stellt man das Objektiv scharf ein, wird das Verschwommene zum klaren Bild.«[3]

- ❑ **Ich bin ja gespannt, wie Piko mir das Schreiben schmackhaft machen will. Aber zunächst schaue ich, dass mein Lern-Stern fertig wird.**
  Seite 49
- ❑ **Schreiben soll Spaß machen? Das will ich sehen, Piko!**
  Seite 105
- ❑ **Hauptsache, wieder ein Erfolgserlebnis!**
  Seite 49
- ❑ **Der blöde Huhn-Witz nervt mich. Trotzdem wüsste ich gern, wie er weitergeht.**
  Seite 117

Logisch denken ist mehr als Glückssache

Wenn Ihr Kind im Folgenden seine Lernvorlieben durch die »blaue Brille« betrachtet, soll es seine Lust am Denken, seine Vorliebe für logisch-analytisches Denken entdecken. Wenn hier seine besondere Stärke liegt, betrachtet es den so genannten kopflastigen Lernstoff nicht als Last. Es löst zum Beispiel gern knifflige Denksportaufgaben. Es kann Wichtiges von Unwichtigem unterscheiden und trifft seine Entscheidungen schon sehr rational. Es stellt sich und anderen gern Fragen und sucht immer wieder nach dem Sinn und Zweck seines Lernens.

Das ist eine wichtige Voraussetzung selbstständigen Lernens. Kinder sollen sich entscheiden können. Wer nicht weiß, was er will, hofft und vertraut darauf, dass andere ihm die Entscheidung abnehmen. Um das eigenverantwortliche Lernen zu fördern, ist es erforderlich, die Kinder am Entscheidungsprozess zu beteiligen und sie mehr und mehr zu befähigen, Prioritäten zu setzen. Dabei helfen wir den Kindern nicht, wenn wir ihnen möglichst viele Entscheidungen abnehmen und sie mit fertigen Lösungen versorgen. Allzu präzise Anleitungen beziehungsweise Anweisungen machen unselbstständig und denkfaul. Ohne Eigeninitiative und Eigenverantwortlichkeit kann sich aber Lust am Denken nicht entfalten.

Bevor Sie Ihrem Kind den folgenden Arbeitsauftrag vorlegen, können Sie selbst einmal testen, wie Sie auf diese Art Aufgabenstellung reagieren. Wenn Sie und Ihr Kind Lust verspüren, auch bei dieser Übung einen spielerischen Akzent zu setzen, kann Ihr Kind ja eine neue (vielleicht wieder mit Transparentpapier selbst gebastelte) Sonnenbrille mit blauen Gläsern aufsetzen.

Lernen mit Logik

Durch die *»blaue Brille«* betrachtest du den Lernstoff *logisch*.
Überfliege die Aufgaben und lege eine Reihenfolge fest, in der du sie bearbeiten willst. Die Zahl der Punkte vor der Aufgabe zeigt, wie viele Punkte jede richtige Lösung gibt.

•

Nadine, Markus und Felix sitzen nebeneinander auf dem Sofa und schauen fern. Nadine sitzt nicht in der Mitte, Markus sitzt rechts. Wer sitzt links?

____

••

Welcher Tag war vorgestern, wenn vor zehn Tagen Montag war?

____

•••

In einer Klasse von 30 Schülern haben 20 Englisch und Französisch. 25 treiben Sport im Verein. Auf jeden Schüler trifft mindestens eines dieser Merkmale zu. Wie viele Schüler mindestens treiben Vereinssport und lernen zudem die beiden Fremdsprachen?

____

••••

Die Noten von Felix sind nicht so gut wie die von Nadine. Sarah ist eine sehr fleißige Schülerin, belegt aber nur den sechsten Platz. Jens ist besser als Sarah, doch nicht so gut wie Dirk. Sandra hat zwar einen Notenschnitt, der besser ist als Dirks, jedoch ist der Schnitt von Felix noch besser. Wer belegt den ersten Platz?

____

Die Auflösung steht auf Seite 120.

- ❑ **Wie kann ich logisches Denken trainieren?**
  Seite 45
- ❑ **Jetzt würde ich gern »per Express« zur nächsten Farbe des Lernens kommen.**
  Seite 56
- ❑ **Bei dieser Übung hat mein Kind sehr gern mitgemacht.**
  Seite 45
- ❑ **Diese Aufgabe war zu schwierig für mein Kind.**
  Seite 52

»Blaue« Lernideen

Bei dieser Übung habe ich ______ Punkte erzielt.

Wenn du weniger als fünf Punkte erreicht hast, gehört das abstrakte Denken, das Lernen mit Logik, wahrscheinlich nicht zu deinen besonderen Lernvorlieben. Trotzdem bist du in der Schule oft auf diese Art des Lernens angewiesen. Du musst immer wieder Textaufgaben lösen oder in einem längeren Text herausfinden, was wirklich wichtig ist.
Vielleicht hilfst du dir mit einer der unten aufgelisteten »blauen« Lernideen, diese Fähigkeit etwas zu trainieren. Du findest hoffentlich hier eine Idee, die dir einigermaßen gefällt. Diese kannst du ankreuzen oder am besten blau anmalen und in den nächsten Tagen in der Schule oder bei deinen Hausaufgaben immer wieder mal ausprobieren.
Hast du mehr als fünf oder sogar zehn Punkte erzielt, dann hast du wohl Lust am Denken und kommst mit solchen Aufgaben gut oder sogar sehr gut zurecht. Dann wäre es sehr sinnvoll, wenn du dieses Talent gezielt einsetzt und weitere gute Lernerfahrungen im »blauen Bereich« sammelst. In den folgenden Lernideen findest du sicher einige, mit denen du logisches und abstraktes Denken intensiv trainieren kannst. Suche dir die drei besten aus und markiere sie mit einem blauen Stift:

- Wenn ich eine Aufgabe nicht gleich verstehe, lese ich den Abschnitt nochmals Satz für Satz durch. Bei jedem Satz stelle ich mir ganz genau vor, was damit gemeint ist. Ich formuliere die Aussage mit meinen Worten oder zeichne eine Skizze – oder mache beides.
- Bei neuen Aufgaben denke ich als Erstes nach: Wo hatte ich schon einmal ein ähnliches Problem zu lösen? Erkenne ich schon an der Art der Frage die Richtung des Lösungsweges oder das Lösungsmuster?
- Ich setze mir möglichst oft ein klares Ziel, was ich erreichen will. Dabei prüfe ich, ob mein Ziel auch realistisch ist. Erscheint es mir zu hoch gegriffen, schraube ich meinen Anspruch zurück. Wenn ich weiß, was ich will, finde ich auch einen Weg dorthin.
- Eine Woche lang nehme ich mir für jeden Tag eine bestimmte Unterrichtsstunde vor, in der ich meine Lehrerin oder meinen Lehrer genau beobachten will. Dabei achte ich besonders auf die Art ihrer Fragen. Die einen fragen nämlich auffallend oft nach Fakten, Daten, Zahlen, die anderen öfter: warum – wieso – weshalb? Wenn ich ihr Schema entdeckt habe, kommen mir ihre Aufgaben und Fragen in der nächsten Klassenarbeit schon bekannter vor.
- Ich trainiere meinen Mut zur Lücke. Dazu verteile ich zum Beispiel fünf oder sechs dicke Klebepunkte willkürlich auf einer Textseite in einer alten Zeitschrift. Danach versuche ich diesen »Lückentext« trotzdem vollständig zu lesen. Dabei stelle ich meistens fest, dass ich den Artikel trotzdem komplett verstehe. So übe ich mich in der Kunst des Weglassens.
- Meine Lust am Denken entfalte ich auch dadurch, dass ich anderen etwas erkläre. Während ich etwas erkläre, fällt mir auf einmal eine Lösung ein, an die ich noch gar nicht gedacht hatte. So entdecke ich neue Perspektiven und erweitere mein Wissen.
- Ich bearbeite Denksportaufgaben oder erfinde nach dem Muster einer solchen Aufgabe selbst einmal ein Rätsel. Dabei bearbeite ich das betreffende Thema sehr intensiv – und trotzdem »fast nebenbei«. Manchmal zeige ich meinen Entwurf auch in der Schule im Unterricht.

- **Ich habe bei den Denksportaufgaben fünf oder sogar mehr Punkte bekommen.**
  Seite 49
- **Bei den »blauen Lernideen« habe ich ein paar ganz interessante Tipps gefunden.**
  Seite 49
- **Diese Übung hat mir keinen Spaß gemacht.**
  Seite 56
- **Ich bin mal neugierig, was bei den anderen Farben herauskommt.**
  Seite 56

Denken mit

Wie reagieren Sie auf ein Kompliment? Wenn es keine plumpe Schmeichelei, sondern Ausdruck von Wertschätzung ist, hebt es dann nicht Ihr Selbstgefühl? – Machen wir unseren Kindern doch öfter mal ein ehrliches Kompliment! Warum nicht hin und wieder schwarz auf weiß? Es muss ja kein langer Brief sein, ein kurzes Briefchen sagt oftmals genug. Erinnern Sie sich, wie Sie in Ihrer eigenen Schulzeit mit der »Papierkügelchen-Post« gespielt haben? Und wer freut sich nicht über einen Liebesbrief? (Wann haben Sie Ihren letzten geschrieben?)
Bei Familie Meister wird das Briefchenschreiben groß geschrieben. Da kommen immer wieder neue Ideen ins Spiel. An einem Osterfest haben sie zum Beispiel eine lustige Variante des Eiersuchens eingeführt: Viele kleine »Komplimente-Nester« waren überall versteckt. In jedem Nest steckte ein Kompliment-Zettelchen für den Empfänger. »Ich möchte dir sagen, dass ich es toll von dir fand, dass du mir erzählt hast, dass auch du manchmal Angst hast. Deine Simone.« Dieses Kompliment freute den Papa Meister wie seine Simone, die übers ganze Gesicht strahlte, als sie lesen konnte: »Mir gefällt an dir, dass du so oft und herzerfrischend lachst. Deine Mama.« Und so fand jeder von jedem einen liebenswürdigen Satz. Können Sie sich vorstellen, dass ein anderes Ei – und wäre es noch so glänzend bunt gewesen – ein solches Zettelchen hätte übertreffen können? Vielleicht gibt es ja schon vor dem nächsten Osterfest eine Gelegenheit, so etwas Ähnliches zu machen …
Jedenfalls hat das geschriebene Wort im Regelfall mehr Gewicht. Normalerweise ist es auch länger durchdacht. Etwas ist schneller gesagt als geschrieben. Schreiben fördert das Denken. Wer seine Vorstellungen in Worten

räumlichem Vorstellungsvermögen

zu Papier bringt, trainiert damit auch sein Vorstellungsvermögen. Ich möchte etwas so beschreiben, dass andere es verstehen. In diesem Punkt berühren sich Einfühlungs- und Vorstellungsvermögen. Beide lassen sich nicht erzwingen, sie müssen wachsen. Ähnliches gilt für den Bereich des räumlich-visuellen Vorstellungsvermögens.
Testen Sie einmal bei sich selbst, wie gut Sie im Geist Figuren drehen können.

»Die Figuren A und B sind identisch, wurden aber aus unterschiedlichen Blickrichtungen gezeichnet. Wenn Sie sich Figur B gedreht vorstellen, stimmt sie mit Figur A überein.

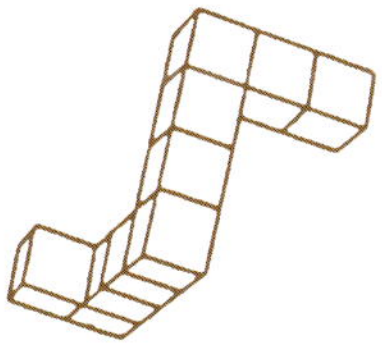

Figur A

Figur B

Figur C und D dagegen sind nicht identisch. Wie man sie auch dreht, sie lassen sich nicht in Übereinstimmung bringen.«[4]

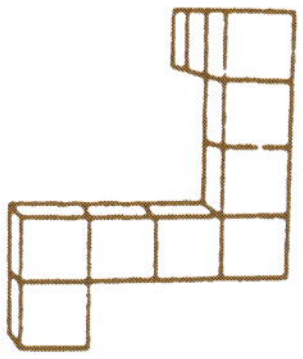

Figur C

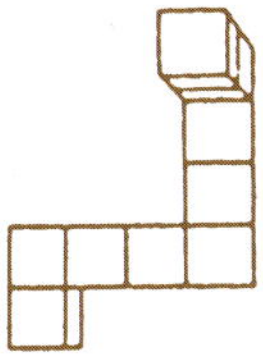

Figur D

Versuchen Sie bei den nächsten Figurenpaaren herauszufinden, welche ebenfalls identisch sind.

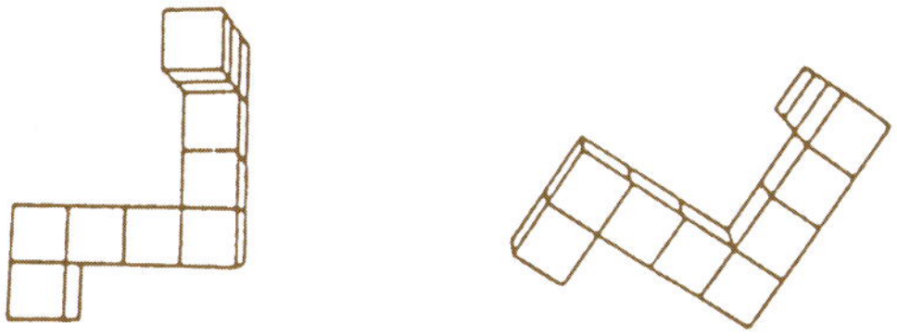

Figurenpaar 1

Figurenpaar 2

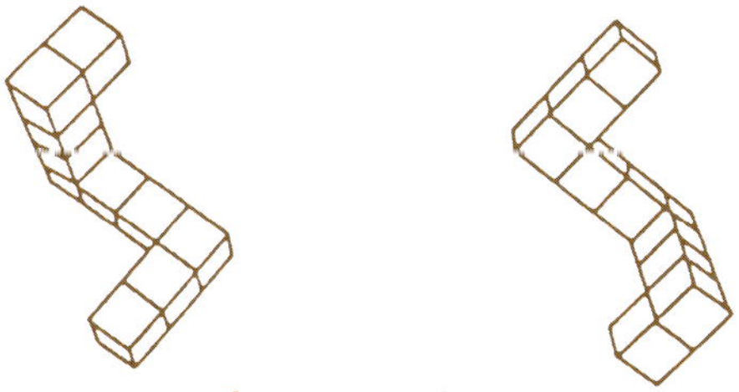

Figurenpaar 3

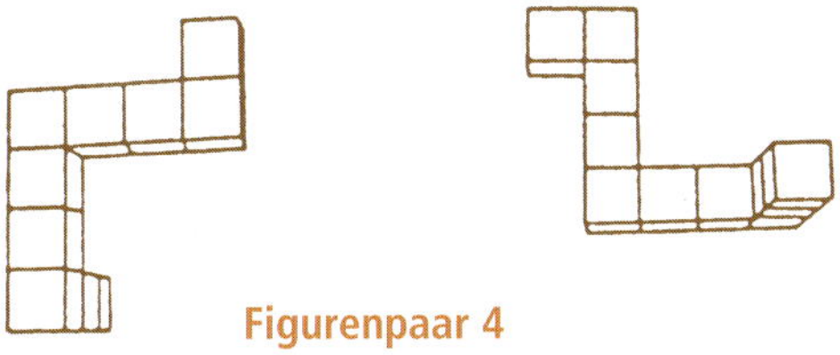

Figurenpaar 4

Figurenpaar 5

Figurenpaar 6

Figurenpaar 7

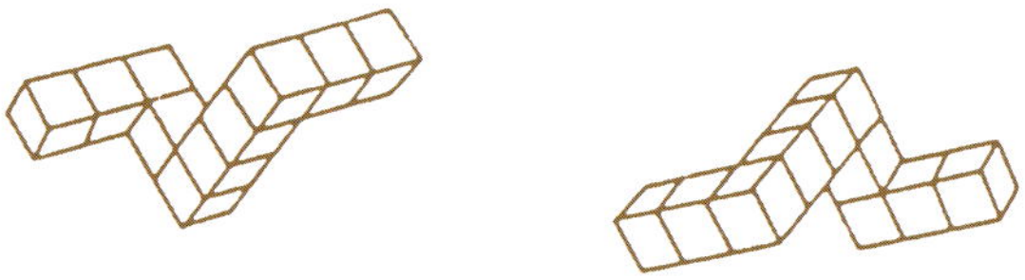

Figurenpaar 8

Wenn Sie bei den Aufgaben Nr. 2, 3, 6, 7, 8 ein Ja und bei den Aufgaben Nr. 1, 4, 5 ein Nein notiert haben, dürfen Sie sich ein optimales räumlich-visuelles Vorstellungsvermögen bescheinigen.

Wie schneidet Ihr Kind in dieser Kategorie ab? Hat es mehr richtige Lösungen gefunden? Vielleicht auch schneller – mehr intuitiv, das heißt ohne bewusstes Nachdenken? Eine solche Begabung ist oft unabhängig von der Fähigkeit, die Lösung eines Problems auch beschreiben oder logisch formulieren zu können. Vielleicht liefert dieser Test-Baustein erste kleine Anzeichen praktischer Intelligenz. Diese Form der Intelligenz zu fördern ist für das praktisch begabte Kind genauso wichtig wie die Pflege der anderen geistigen Fähigkeiten: des sprachlichen, musischen, zeichnerischen, schauspielerischen und erfinderischen Talents.

Stell dir mal vor!

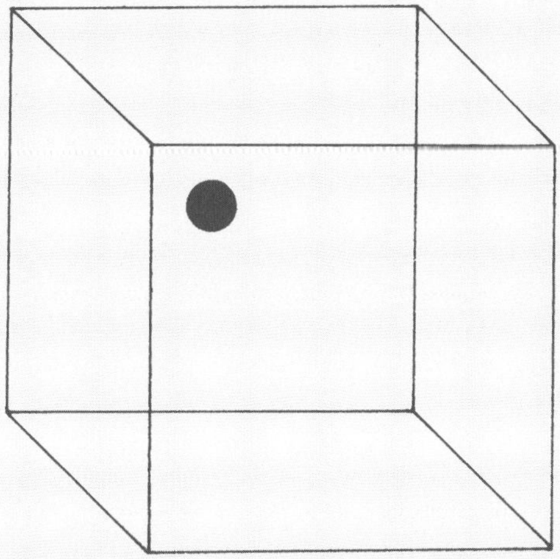

Es gibt Sachen, da blicke ich auf Anhieb durch. Bei anderen breche ich mir schier was ab. Wenn ich mir zum Beispiel vorstellen soll, dass der Punkt auf diesem Würfel mal oben in der Mitte, mal vorne links oben, mal hinten in der Mitte oder auf der Bodenfläche links oben sein soll, dann gelingt mir das am besten, wenn ich im Zimmer auf und ab gehe. So schau ich mir den Würfel mal von dieser, mal von jener Seite an. Und schwupp, springt der Punkt woanders hin.
Stell dir den Würfel mal aus durchsichtigem Plastik vor. Kannst du ihn in deiner Vorstellung umkippen? Siehst du den springenden Punkt dann auch auf verschiedenen Würfelflächen? Dann hast du gute Aussichten auf einen schönen sechsten Lern-Stern-Zacken.

Wenn es dir schwer fällt oder nicht gelingt, probier doch trotzdem mal die Knobeleien auszutüfteln, die ich dir aufgezeichnet habe.

In den ersten fünf Aufgaben findest du neben jeder Originalzeichnung drei weitere ähnliche Gebilde. Stell dir vor, du würdest die Originalzeichnung ausschneiden, in der Mitte mit einer Stecknadel festpieksen und dann um diese Achse drehen.
Kreuze bitte zügig an, welche Bilder dem Original entsprechen.

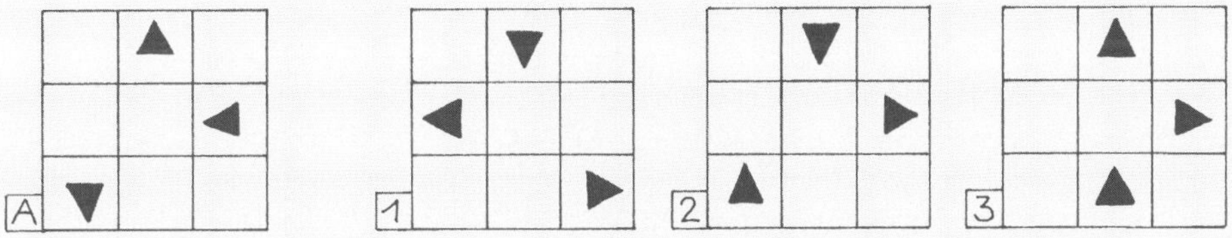

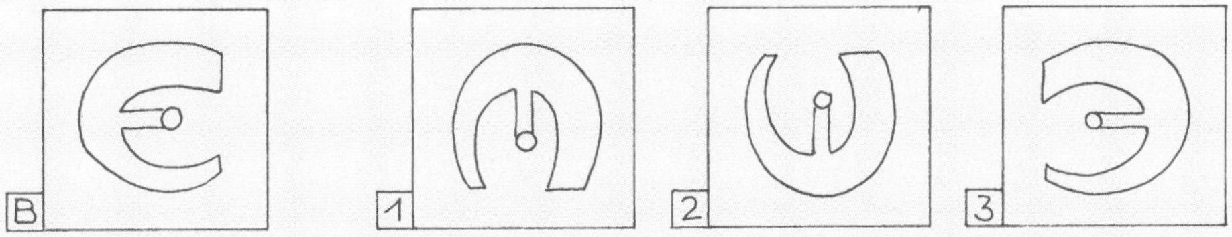

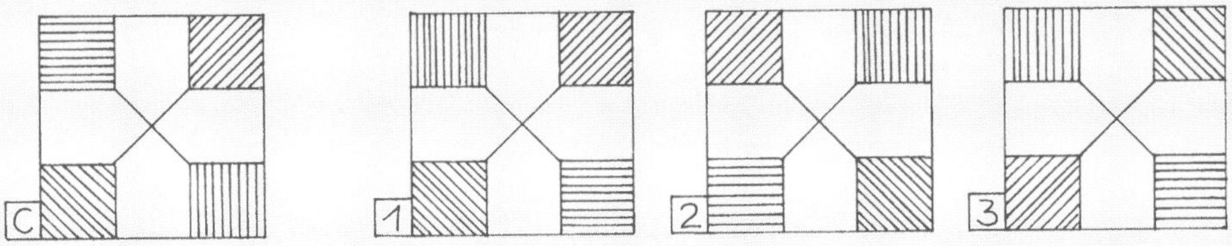

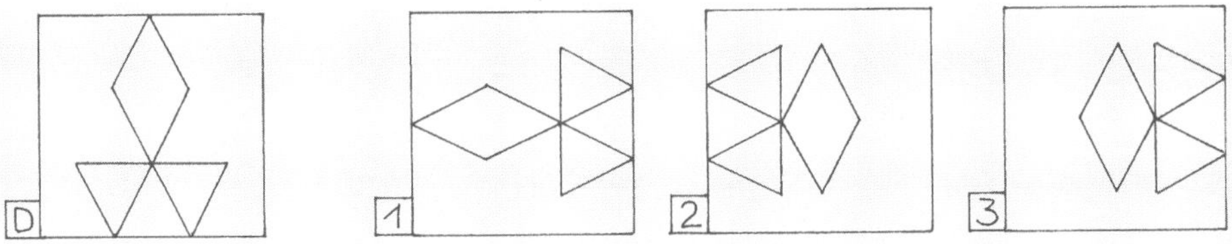

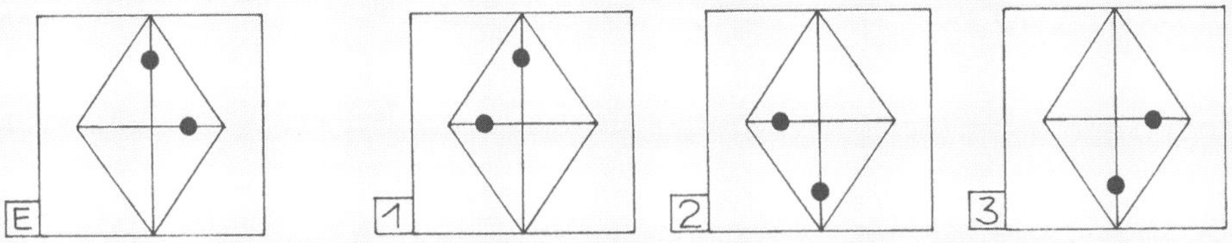

Bei den nächsten fünf Aufgaben sollst du dir vorstellen, wie das erste Bild aussehen würde, wenn du es von hinten betrachtest.
Kreuze die Darstellungen an, die du dann sehen würdest.

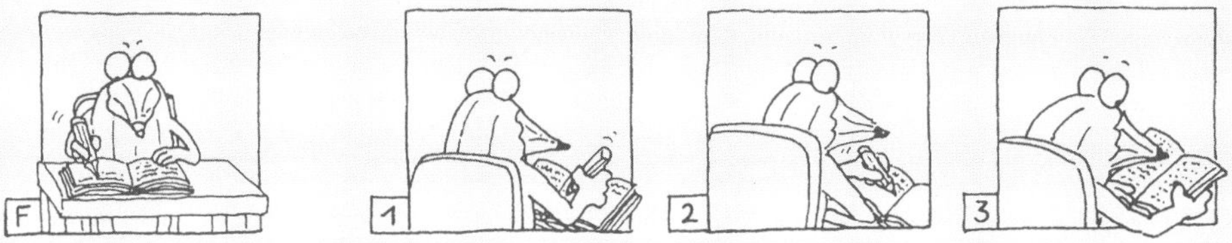

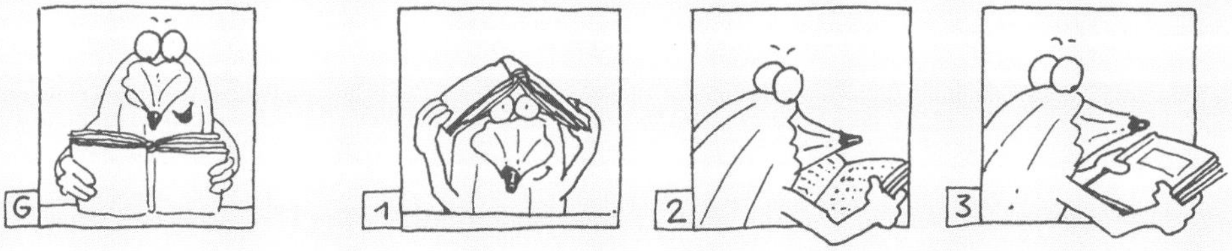

Damit ist das »Sechstagerennen« gelaufen. Wie leuchtet jetzt dein Lern-Stern?
Hast du bei der letzten Übung noch mal zugelegt? Oder liegen dir solche Aufgaben weniger?
Ich habe mir ein paar Gedanken durch den Kopf gehen lassen, was du mit deiner Vorstellungskraft beim Lernen alles machen kannst. Ganz gleich, ob du in diesem Bereich eine Leuchte oder nur ein kleines Lichtchen bist. Das ist ja das Schöne an einem Stern, dass er nicht alle Ecken ausleuchtet.
Wenn du dir das Ergebnis so betrachtest, leuchten verschiedene Zacken sicher schön und klar. Sie zeigen dir, was du besonders gut kannst. Bringt dich das von selber auf eine gute Lernidee?

Die Auflösungen findest du auf Seite 120.

- ❑ **Schade, dass die Lernexperimente schon vorbei sind. Oder gibt es noch mehr solcher Fragen?**
  Seite 65

- ❑ **Na schön. Und wo geht es jetzt weiter?**
  Seite 61

- ❑ **Das war ja alles schön und gut – wenn ich mich nur besser hätte konzentrieren können ...**
  Seite 74

- ❑ **Piko, jetzt bin ich richtig eingestimmt und echt gespannt auf deine besten Lernmethoden.**
  Seite 96

Der Lerntyp und seine Intelligenz

Natürlich kann durch diese Übungen kein Lerntyp festgelegt werden. Dafür war die Vorgehensweise viel zu punktuell. Der Lern-Stern ist auch nicht als Testergebnis, sondern mehr als Orientierungshilfe zu verstehen. In den hier herausgestellten Fähigkeiten und Fertigkeiten des Kindes beim Lernen und Behalten ging es lediglich ansatzweise um das Zusammenspiel von Intelligenz und Gedächtnis, von Begabung und Kreativität.

Frau Meister beschäftigt sich am meisten mit der Frage: Welche von diesen Fähigkeiten ist die wichtigste Voraussetzung für den Erfolg in der Schule?

Ist es die Intelligenz? Und wenn ja, wie kann ich feststellen, ob mein Daniel intelligent genug ist fürs Gymnasium?

Wenn nicht, kann ich daran etwas ändern?

So viel vorweg: Der Intelligenzquotient bleibt eine veränderbare Größe. Die intellektuelle Leistungsfähigkeit bleibt durch kontinuierliche geistige Aktivität bis ins höhere Lebensalter beeinflussbar. Zu solchen Aktivitäten gehört natürlich mehr als nur das schulische Feld. Sie umfassen eigentlich alle Lebensbereiche des Kindes: seine Kontakte zu Gleichaltrigen, seine außerschulischen Interessen, das emotionale Klima in der Schule und in der Familie; all das sind Faktoren, die Einfluss auf die Intelligenzentwicklung des Kindes nehmen.

Als Frau Meister vor kurzem beim Arzt war und dort im Wartezimmer in einer seriösen Zeitschrift las, dass nach den vorliegenden Untersuchungsbefunden der Schulerfolg eines Kindes nur zu ca. 25 Prozent von seiner Intelligenz abhängt, war sie doch irgendwie beruhigt – (oder fühlte sie sich erleichtert?).

Wichtiger, als den IQ seines Kindes zu kennen, sind Informationen, die Eltern aus dem Umgang mit ihrem Kind gewinnen. Sie beobachten, womit sich das Kind beschäftigt, wofür es sich wirklich interessiert, was es auch über längere Zeit konzentriert durchhält und welche Probleme es selbstständig löst.

Lernstörungen zur Kenntnis nehmen

Voraussetzung für erfolgreiches Lernen ist ein gesundes Zusammenspiel aller am Lernprozess beteiligten Sinne. Als Erstes denken wir dabei an Sehen und Hören. Und hier beginnt es bereits, dass manche »Lernstörung« sich als Kurzsichtigkeit oder Hörfehler entpuppt. Solche Störungen sind oft sehr schwer zu erkennen, denn im Laufe der Jahre hat das Kind eine Menge Techniken entwickelt, diese Hör- oder Sehfehler auszugleichen. Besonders Hörfehler werden geschickt überspielt. Ohne hier ein Schreckgespenst zeichnen zu wollen, sei die Frage erlaubt, ob wir nicht in einer Zeit leben, in der wir uns an Hörgeräte so gewöhnen werden, wie wir uns an Brillen gewöhnt haben.

Doch wie Sie bereits in dem kleinen Lerntyp-Test feststellen konnten, gibt es noch weitere sensorische Funktionen, die für das Lernen von großer Bedeutung sind.

Grundlage und Voraussetzung für eine normale, gesunde Entwicklung ist das Gleichgewichtssystem, in der Fachsprache »Vestibuläres System« genannt. Diese sensorischen Empfindungen, die als Folge der Erdschwere ständig durch unser gesamtes Nervensystem fließen, bilden für alle anderen Sinnesorgane ein grundsätzliches Bezugssystem.

Diese Gleichgewichtsrezeptoren, man könnte sie auch als Antennen bezeichnen, weil sie die Reize von außen aufnehmen und weiterleiten, befinden sich im Innenohr. Deshalb ist die Stellung des Kopfes für unsere räumliche Orientierung ausschlaggebend. Störungen im Gleichgewichtssystem haben eine totale Verunsicherung zur Folge. Die Augen- und Halsmuskeln spielen hierbei eine große Rolle. Störungen in diesem Bereich sind zu beobachten, wenn Säuglinge Gegenständen, die vor ihnen bewegt werden, nicht mit den Augen folgen können. Das ist zum Beispiel der Fall, wenn sich die Augen nicht gleichmäßig von einem Fleck zum anderen bewegen, sondern ruckartig vorwärts und rückwärts springen. Weil diese Kinder in ihrer räumlichen Orientierung überfordert sind, ist es nicht verwunderlich, dass sie später Schwierigkeiten haben beim Ballspielen, beim Lesenlernen oder wenn sie von der Tafel abschreiben sollen.

Orientierung geben

Alle Kinder haben eine Vorliebe für Rituale. Sie verleihen ihnen Sicherheit. Die festgelegte Reihenfolge der Dinge hilft dem Kind, sich zurechtzufinden. Auf diese räumliche und zeitliche Ordnung muss es sich verlassen können, soll seine Welt nicht ins Wanken geraten. Sie ist Voraussetzung für alles darauf aufbauende Lernen. Diese Ordnung muss nun auf den Arbeitsplatz übertragen werden. Alle optischen und akustischen Störungen sollten weitgehend ausgeschaltet werden. Das heißt konkret: Auf dem Schreibtisch liegen nur die Dinge, die jetzt benötigt werden. Es laufen weder Radio noch Fernseher und es unterhalten sich auch keine anderen Personen nebenbei.

Für viele Kinder ist auch die Anwesenheit eines Elternteils am Anfang ein hilfreicher Orientierungspunkt.

Inhaltlich ist es wichtig zu erkennen, welcher Eingangskanal besonders gut beziehungsweise besonders schlecht funktioniert. Ist zum Beispiel die optische Wahrnehmung gestört, muss verstärkt akustisch und taktil gearbeitet werden. Jede Aufgabe, sei es Lesen, Schreiben, Rechnen, muss laut artikuliert werden. Alles, was Kindern ohne Wahrnehmungsstörungen beim Lernen hilft, gilt auch für Kinder mit Wahrnehmungsstörungen, mit einer Ausnahme: die abwechslungsreichen Formen. Was auf die einen motivierend wirkt, kann die anderen verunsichern. Deshalb ist es wichtig, eine für gut erkannte Form beizubehalten.

Insgesamt gilt, dass die Übungsphase wesentlich länger ist, dass Wiederholungen häufiger eingebaut werden müssen und dass wesentlich mehr unterstützende Faktoren notwendig sind.

- **Die letzten beiden Kapitel hätte ich mir schenken können. Ich kenne mein Kind gut genug. Seine Lernstörung heißt einfach: Faulheit.**
  Seite 63
- **Wenn es mein Kind auch nicht direkt betrifft, so war es doch eine nützliche Information für mich.**
  Seite 60
- **Die Lernprobleme meines Kindes liegen woanders. Ich denke beispielsweise daran, wie schlecht es sich konzentrieren kann.**
  Seite 66
- **Jetzt würde ich ganz gern umsteigen und auf der »Express-Schiene« weiterfahren.**
  Seite 85

Wer denken will, muss fühlen

Wenn Ihr Kind jetzt seine Lernvorlieben durch die »rote Brille« betrachtet, soll es feststellen, wie stark sein Lernerfolg von Emotionen und Stimmungen abhängt, wie es bei bestimmten Lehrern begeistert mitmacht und bei anderen »auf stur« schaltet. Arbeitet Ihr Kind gern mit anderen zusammen? Hängt seine Leistungsbereitschaft auffallend stark von der Anerkennung ab, die es findet? Legt es viel Wert auf ein Lernklima, in dem es sich wohl fühlen kann? Hat es beim Lernen Routine entwickelt und manchen Lernstoff durch regelmäßiges Üben so verinnerlicht, dass es ihn intuitiv abrufen kann?

Das Kind soll die Perfektform von Fantasieverben bilden. Wenn Sie nicht möchten, dass das Kind seine Lösungen ins Buch schreibt, unterteilen Sie einen Notizzettel in zwei Spalten – nach dem Muster in der Aufgabe auf Seite 56.

Lernen mit Intuition

Durch die *»rote Brille«* betrachtest du den Lernstoff *intuitiv*. Du bearbeitest ein kleines Grammatikkapitel mit Gefühl.

Die Perfektform von staunen heißt ge-staunt, von interessieren aber nicht ge-interessiert, sondern einfach interessiert. Bilde nach diesem Muster von folgenden Fantasiewörtern die Perfektform. Setze das Wort in die *linke* Spalte, wenn du das Perfekt *mit* der Vorsilbe *ge*- bildest. Wörter *ohne* diese Vorsilbe setzt du in die *rechte* Spalte.

stixen	**prekieren**
kopsen	**quirzen**
ludieren	**stumpieren**
mulpen	**frantieren**
bampfen	**knallieren**

mit ge-	**ohne ge-**
staunen – gestaunt	interessieren – interessiert

Nach etwa zwei Minuten sollte das Kind die Liste bearbeitet haben. Wahrscheinlich hat es intuitiv das meiste oder sogar alles richtig gemacht: Zweisilbige Verben werden im Perfekt mit ge- gebildet, hingegen wird bei den drei- und mehrsilbigen (auffallend bei den Verben mit der Endung -ieren) darauf verzichtet.
Am besten machen Sie jetzt gemeinsam eine kleine Pause, gehen vielleicht einmal kurz an die frische Luft oder trinken ein Glas Wasser. Nach etwa zehn Minuten soll das Kind aus dem Gedächtnis alle Fantasiewörter aus der Liste aufschreiben, an die es sich noch erinnert. Für jedes richtig erinnerte Wort gibt es einen Punkt. Drei oder mehr Punkte sind bereits ein gutes Ergebnis, sechs oder noch mehr sogar ein sehr gutes!

Zur Auswertung dieser kleinen Übung bietet sich ein Gespräch über intuitives Sprachgefühl an, wie es sich bildet und wie es durch ständiges Wiederholen und Üben verinnerlicht wird. Vielleicht unterstützen solche Gedanken auch die Akzeptanz dieser meistens doch recht mühsamen Lernform.

Ein ähnlicher Effekt lässt sich mit dem folgenden Text erzielen. Sie können ihn höchstwahrscheinlich »mit Routine lesen«, weil Sie mit diesen Wörtern sehr vertraut sind. Dann zeigt sich aber auch, dass (scheinbar) chaotische Lernsituationen nur zu meistern sind, wenn ein Mindestmaß an Klarheit und Ordnung gewährleistet ist: Der »Rahmen« muss absolut stimmen, das heißt, der erste und letzte Buchstaben sind korrekt und alle zu diesem Wort gehörigen Buchstaben sind komplett enthalten. Sind diese beiden Minimalanforderungen erfüllt, ist auch ein solches Durcheinander problemlos zu bewältigen.
Auch Ihr Kind wird dieses Kauderwelsch vielleicht entziffern können, wenn es im Lesen bereits *sattelfest* ist.

- **Ich würde als Nächstes gern mehr über ein gutes Lernklima erfahren.**
  Seite 60
- **Jetzt würde ich gern »per Express« zur vierten Farbe des Lernens kommen.**
  Seite 86
- **Bei dieser Übung hat mein Kind sehr gern mitgemacht.**
  Seite 58 – aber »verboten« ...
- **Mit dieser Station konnte weder mein Kind noch ich selbst etwas Sinnvolles anfangen.**
  Seite 60

AELLS NUR ENIE FAGRE DER RITOUNE?

Wuram knsant du deiesn Txet fast moelhüs lseen?
Die Regihenfloe der Buhcsatebn ist dcoh vlonstlädig ducirhenaednr! Aebr dauarf komomt es acuh gar nihct an. Das stleletn birstihce Wesesnhcaftlsir brieets vor mher als 25 Jhraen fset. Es mchat kenie Peborlme, Txete mit cohaticsh vetrusachetn Bcuhsatebn zu lseen, sloagne nur der esrte und der ltetze Bcushtbae jeeds Wroets rihcitg snid.
Das Emerpexint biesewt, dsas Wetörr als gnaze Geblide whemogranmen wreedn und dsas das Hrin biem Lseen stniädg Vremtunugen atnslelt. Wnen scih dsiee biem Bcilk auf das Writbold acuh nur ofberllcähcih bsietetägn, wreedn die ennilezen Busahtcebn pkarctsih gar nchit mher wramgomhenen.

»Rote« Lernideen

Bei dieser Übung habe ich ______ Punkte erzielt.

Wenn du weniger als fünf Punkte erreicht hast, gehört das rein gefühlsmäßige Lernen nicht zu deinen besonderen Lernvorlieben. Trotzdem bist du in der Schule oft auf diese Art des Lernens angewiesen. Du musst manchmal eine Antwort geben können, ohne lange darüber nachzudenken. Du »weißt« zum Beispiel aus dem Gefühl heraus, ohne dass du es konkret ausrechnen musst, dass 3827 mal 417 größer ist als 813 mal 756, oder? Genauso geht es dir mit vielen Vokabeln. Wenn du in der Schule Englisch hast, musst du nicht nachdenken, was »My name is Piko« heißt, isn't it?

Vielleicht hilfst du dir mit einer der unten aufgelisteten »roten« Lernideen, in manchen Fächern mehr Routine und mehr Sicherheit zu bekommen. Was du gut kannst, macht normalerweise auch mehr Spaß. Du findest hoffentlich hier eine Idee, die dir einigermaßen gefällt. Diese kannst du ankreuzen oder am besten rot anmalen und in den nächsten Tagen mal ausprobieren.

Hast du mehr als fünf oder sogar zehn Punkte erzielt, dann hast du wahrscheinlich ein gutes Gespür für Aufgaben, die du »aus dem Bauch heraus« lösen kannst. Wenn du dich wohl und sicher fühlst, kommst du mit dem Lernen gut oder sogar sehr gut zurecht. Dann wäre es sehr sinnvoll, wenn du dieses Talent gezielt einsetzt und weitere gute Lernerfahrungen im »roten Bereich« sammelst. In den folgenden Lernideen findest du sicher einige, mit denen du emotionales und intuitives Lernen intensiv trainieren kannst. Suche dir die drei besten aus und markiere sie mit einem roten Stift:

- Ich lege Wert auf ein gutes Lernklima. Ich gestalte meinen Arbeitsplatz so, dass ich mich dort wohl fühlen kann. Ein schöner Kalender, ein Foto oder Blümchen – oder was gerade meinem persönlichen Geschmack entspricht.

- Ich unterstütze meine Motivation durch ein Motto. Ich suche mir einen guten Spruch, ein tolles Gedicht oder Foto für meinen Schreibtisch, zum Beispiel den Spruch von Novalis auf Seite 59.

- Ich interessiere mich für Biografien von Menschen, von denen ich beeindruckt bin. Ich erforsche meine Lieblingspersönlichkeit und beschäftige mich gern mit ihren Gedanken, ihrer Haltung und ihrem Werk.

- Ich mache »Pausen mit Gefühl«. Ich höre auf, wenn es am schönsten ist. Bevor ich in die Pause gehe, überlege ich kurz, mit welcher Aufgabe ich nach der Pause weitermachen will. Die entsprechenden Unterlagen lege ich schon einmal zurecht.

- Ich schaffe Distanz beim Problemlösen. Manchmal ist es hilfreicher, eine schwierige Aufgabe zurückzustellen oder eine Nacht darüber zu schlafen. Aber ich verdränge Probleme nicht. Wenn ich nicht weiterweiß, lasse ich mich von einer Person meines Vertrauens beraten. Oder ich gehe einmal zu mir selbst in die »Sprechstunde«: Was würde ich jemandem raten, der mit genau diesem Problem zu mir käme?

- Ich suche mir eine Lernpartnerschaft. Ich überlege, welche Aufgaben ich besser im Team erledigen will. Ich besorge mir Klassenarbeiten und Prüfungsfragen älterer Jahrgänge. Das ist guter Stoff zum Üben –

und manchmal taucht genau dieses Thema in der nächsten Prüfung auf.

- Ich schließe mit mir selbst einen Lernvertrag. Ich schreibe auf und unterschreibe, was ich bis wann erledigen will. Bevor ich mein gesetztes Ziel unterschreibe, prüfe ich ernsthaft, ob ich es auch wirklich in die Tat umsetzen kann.

- ❑ **Ich habe bei der Aufgabe vorhin gut oder sogar sehr gut abgeschnitten**
  Seite 61
- ❑ **Bei den »roten Lernideen« habe ich ein paar ganz interessante Tipps gefunden.**
  Seite 61
- ❑ **Die Übung hat mir keinen Spaß gemacht.**
  Seite 65
- ❑ **Jetzt bin ich neugierig, was bei der vierten Farbe zum Vorschein kommt.**
  Seite 86

Motivation hängt auch vom Können ab

Seit den letzten Sommerferien betreibt Simone eine kleine Kakteenzucht. Wenn sie einen kleinen Kaktus geschenkt bekommt, den sie noch nicht kennt, informiert sie sich in Büchern oder beim Gärtner. Sie ist mit Leib und Seele bei ihren kleinen »Stachelfreunden«. Papa Meister freut sich über so viel Energie und Ausdauer. Er kann sich das gar nicht erklären, weil niemand in der Familie ein ausgesprochener Blumennarr ist.
Als er mit seiner Frau eines Abends eine CD der Comedian Harmonists hört, kommt er bei dem Lied »Mein kleiner grüner Kaktus« sofort drauf. Ihm fällt ein, dass Simone dieses Lied im Ferienlager gelernt und immer wieder mit heller Begeisterung gesungen hatte.
Es gibt die unterschiedlichsten Auslöser, die uns zu einer Aktivität anregen. Manchmal genügt ein Berührungspunkt wie in dem Kaktus-Beispiel. Da entsteht ein Lernklima, in dem sich Freude am Lernen und selbstständigen Tun entwickeln können.
An allem, wovon ich etwas verstehe, habe ich viel mehr Freude. Dabei muss ich mich entscheiden können, was mir wichtig ist. Was der eine als Humbug abtut, kann *mir* viel bedeuten. Natürlich gilt das auch umgekehrt.
Das hat Frau Meister bei einem Straßenfest mit dem kleinen Benny ganz konkret erlebt. Benny hatte bei einem Angelspiel den ersten Preis gewonnen. Er hatte freie Auswahl zwischen allen Preisen. Da waren Teddybären, Walkmans, bunte Bücher und tolle Spiele ausgestellt. Und was hat Benny sich ausgesucht? Ein Jo-Jo. Ein pinkfarbenes, ansonsten aber unscheinbares Jo-Jo. Es lag in der Kiste mit den Trostpreisen ...
Frau Meister hatte es schon auf der Zunge: »Du bist aber auch ein dummer Junge!«
Wer selber auswählen darf und seine Entscheidung und seinen Geschmack respektiert findet, bleibt am stärksten motiviert. So lernt ein Kind beispielsweise wesentlich mehr aus einer selbst getroffenen Entscheidung, die sich im Nachhinein als falsch herausstellt, als aus der richtigen, die wir ihm verordnet haben.
Das heißt auch, das Kind seine Entdeckungen selbst machen zu lassen. Wenn ich dem Kind hingegen allzu schnell die fertige Lösung zeige, lähme ich seine Entdeckungsfreude. Begleite ich so ein Beschleunigungsverfahren noch mit der hinstupfenden Bemerkung: »Hier, da guck doch mal, du Blödel!«, ist der Lerneffekt »perfekt«. Ein zündender Funke jedenfalls kann nicht mehr überspringen.

Entdecken Sie in dieser Zeichnung auf den ersten Blick die Ziffer 5?[5]

Wenn Sie die Zahl nicht sehen, decken Sie die rechte Hälfte der Zeichnung ab.
Stellen Sie nun Ihrem Kind diese Aufgabe. Lassen Sie ihm auch dann Zeit für die eigene Entdeckung, wenn es etwas länger dauern sollte. Sie spüren dann wahrscheinlich, wie schwer es fällt, die Lösung nicht direkt zu zeigen. Warten können vermittelt aber am ehesten ein Aha-Erlebnis: »Jenes eigenartige, im Denkverlauf auftretende lustbetonte Erlebnis, das sich bei plötzlicher Einsicht in einen undurchsichtigen Zusammenhang einstellt.« (Karl Bühler)
So macht Lernen Spaß, weil die Neugier, der Urtrieb allen Lernens, erhalten bleibt.

Kann denn Lernen Spaß machen?

Jedes Mal, wenn ich ein weißes Blatt sehe, bekomme ich Appetit auf Schreiben. So ein Blatt wirkt wie ein Plakat auf mich. Kennst du das Gefühl? Ich meine, was ein Plakat betrifft. Du bist satt und zufrieden, siehst dann auf einmal ein Plakat mit einer knackig-saftigen Erfrischung und plötzlich läuft dir das Wasser im Mund zusammen.

Das habe ich mir von der Werbung abgeguckt. Drum habe ich mir dieses Plakat gemalt, das du oben sehen kannst.

Manchmal, wenn ich keine rechte Lust zum Schreiben habe, hilft mit tatsächlich so ein schlichter Zettel.
Ich habe mal gelesen: »Willst du Erfolg haben, musst du ihn dir vor Augen halten.« Was hältst du zum Beispiel von einem Erfolgszettel? Das ist ein einfacher Notizzettel, auf dem du aufgeschrieben hast, was dir eine Lehrerin oder ein Lehrer Nettes gesagt hat. Zum Beispiel so etwas: »Daniel, das war eine prima Idee!«
Am besten schreibst du noch das Datum und den Namen des Lehrers darunter. Ein solcher Zettel über deinem Schreibtisch kann eine ganz starke Ausstrahlungskraft haben. Gerade wenn du an einer schwierigen Aufgabe sitzt, von der du nicht weißt, wie du sie anpacken sollst, vor der du dich lieber drücken möchtest, genügt manchmal ein Blick zu deinem persönlichen Erfolgssymbol.
Wenn das noch zu wenig ist, könntest du ja mal Kontakt zu Freunden suchen, die dieses Fach recht gerne haben. Was findet deine Freundin oder dein Freund so positiv an diesem Fach?

Ich habe in einem dicken Buch über China dieses Gedicht gefunden:

Wolken
verfärben sich bunt,
wenn sie die Sonne widerspiegeln,
und der Bergbach wird zum Wasserfall,
wenn er von einer Felswand stürzt.
Man verändert sich durch das,
womit man Umgang pflegt.
Deshalb wird auch die Freundschaft
so hoch geschätzt.

Zhang Chao

Verstehst du, was ich meine, wenn ich dir dieses Chinesisch hier aufschreibe?

- ❑ **Die Erfolgssymbol-Idee gefällt mir. Piko, hast du noch mehr solcher Tipps auf Lager?**
  Seite 80

- ❑ **Wo ist die nächste Piko-Seite?**
  Seite 65

- ❑ **Mein Problem ist nicht die fehlende Lust am Lernen, sondern die fehlende Konzentration.**
  Seite 74

- ❑ **Das mag ich so an guten Freunden: Sie lachen einen nicht aus – auch nicht, wenn man eine dumme Frage stellt.**
  Seite 65

Hausaufgaben sind wie Schuhe putzen

Überall wird uns weisgemacht, dass alles, was wir tun, Spaß machen soll. Eltern, Lehrer und Bücher (auch dieses!?) tragen ihren Teil dazu bei. Alle bemühen sich, möglichst viele Lerninhalte so zu verpacken, dass sie spielend leicht gelernt werden können. Dagegen ist sicher nichts einzuwenden. Doch der unbeabsichtigte Nebeneffekt ist, dass alle »normalen« Aufgaben irgendwann als Zumutung empfunden werden. Und im Konkurrenzkampf zu den Showmastern vom Fernsehen haben Eltern und Lehrer sowieso keine Chance. Aber im Gegensatz dazu sollte sich das Kind beim Lernen nicht als passiver Konsument verhalten, sondern aktiv beteiligen.

Jedes Kind, das bereits im Vorschulalter kleine Pflichten innerhalb der Familie eigenverantwortlich erfüllen musste, wird es später eher als selbstverständlich empfinden, dass man dasselbe von ihm im schulischen Bereich erwartet. Wenn das Kind erlebt, dass jeder in der Familie seinen Anteil zur Erledigung der Hausarbeit beizutragen hat, lernt es ohne viele Worte, dass nicht nur es selbst, sondern alle anderen manchmal Dinge tun müssen, die nicht gerade spannend sind. Wenn es aber üblich war, dass die Mutter ständig für alles sorgte, praktisch das Dienstmädchen für alle spielte, und die anderen nur dann im Haushalt mithalfen, wenn sie gerade Lust und Laune dazu hatten oder zur Strafe dazu verdonnert wurden, ist es nicht verwunderlich, wenn das Kind diese Einstellung zur Arbeit auch den Hausaufgaben entgegenbringt.

- ❑ **Ja – so ist es.**
  Seite 64
- ❑ **Dieser tägliche Kleinkram ist es, der so mürbe macht.**
  Seite 69
- ❑ **Wie bringe ich das meinem Kind nur bei?**
  Seite 78
- ❑ **Damit haben wir kein Problem.**
  Seite 66

Fragen, die Ihr Kind betreffen

Motivation ist eine sehr persönliche Angelegenheit. Sie ist nicht nur vom schulischen Lernen abhängig. Wenn es um ganzheitliches Lernen geht, gehören alle Fragen dazu, die das Kind als Person betreffen. Wie gut kennen Sie Ihr Kind?

- Wann hat es Geburtstag?
- Welche Augenfarbe hat es?
- Welche Konfektionsgröße braucht es?
- Welche Schuhgröße?
- Ist es ein Morgenmuffel?
- Wie viel Schlaf braucht es?
- Hat es manchmal schlechte Träume?
- Hat es Ihnen schon einmal einen Traum erzählt?
- Was frühstückt Ihr Kind am liebsten?
- Welche Lieblingsspeisen hat es?
- Was mag es gar nicht?
- Worüber würde es sich mehr freuen: über ein neues Kleidungsstück oder einen größeren Familienausflug?
- Wie heißen seine Freunde?
- Welches Buch liest es gerade?
- Welche Fernsehsendungen hat es gestern gesehen?
- Wie viel Zeit verbringt es pro Woche vor dem Fernseher?
- Welche Lieblingsfächer hat es in der Schule?
- Welche Fächer liegen ihm nicht?
- Welche Lehrer mag es, welche nicht?
- Worüber kann es sich so richtig ärgern?
- Was hat es gestern beim Mittagessen erzählt?
- In welcher Stimmung war es gestern Abend?
- Was unternimmt es gerne mit Ihnen gemeinsam?
- Was spielt es am liebsten allein?
- Welche Tiere mag es?
- Kann es gut mit Pflanzen umgehen?
- Was ist seine Lieblingsfarbe?
- Wen hat es zum Vorbild?
- Was ist sein größter Wunsch?
- Was möchte es einmal werden?

Auch solche Fragen regen zum Nach-Denken an. Wenn es um die Motivation und das Lernen des Kindes geht, sind sie sogar wichtiger als das Kontrollieren der Hausaufgaben.

- ❑ **Ist mein Kind eigentlich selbstständig und selbstbewusst genug?**
  Seite 78
- ❑ **Das ist alles recht interessant. So habe ich mein Kind noch nicht betrachtet.**
  Seite 66
- ❑ **Diese Fragen haben mich jetzt eher aufgeregt.**
  Seite 69
- ❑ **Na ja.**
  Seite 83

Wer fragt, gewinnt

Fällst du anderen Leuten mit deinen Fragen auf die Nerven oder muss man dir eher jedes Wort aus der Nase ziehen?

Weil ich dich ein wenig näher kennen lernen möchte, ist das eine Frage, die mich interessiert. Überall, wo größere oder kleinere Leute etwas miteinander zu tun haben, spielen Fragen eine wichtige Rolle. Ein Journalist lebt davon, dass er Fragen stellt. Wirklich gute Fragen kann er aber nur stellen, wenn er vorbereitet ist oder etwas von der Sache versteht. Wenn du dich für deine Mitarbeit im Unterricht vorbereitest und dafür Fragen sammelst, stellst du bald fest, wie rasch da einiges Material zusammenkommt. Halte alles, was dir zu dem Thema, das ihr gerade behandelt, in die Finger fällt, auf einem Notizblock fest. Nimm dir fest vor, in der nächsten Unterrichtsstunde die eine oder andere Frage wirklich zu stellen. Wenn du mündlich aktiv mitarbeitest, hast du selbst den größten Nutzen davon. Was du selbst beigetragen hast, bleibt am besten im Gedächtnis hängen. Du übst dich außerdem darin, deine Gedanken zu ordnen und verständlich auszudrücken. Du lernst frei zu sprechen und sammelst Material für deine Hausaufgaben und Klassenarbeiten.

Komme ich bei einem Thema nicht mehr richtig weiter, helfe ich mir mit Fragen. Wenn ich zum Beispiel etwas durchlese und nicht gleich kapiere, worum es geht, halte ich nach jedem Abschnitt an. Dann frage ich mich, bin ich jetzt an einzelnen unbekannten Wörtern hängen geblieben? Welche Personen und wichtigen Dinge kommen hier vor? Welche Stelle habe ich verstanden?
Ich glaube, dass ich dabei sogar halblaut mit mir selber rede.
Findest du das arg komisch?

Ich bilde mir halt ein, dass ich Antwort auf meine Fragen bekomme. Und wenn ich sie mir selber stelle.

Darf ich dir jetzt ein paar private Fragen stellen? Wie gut kennst du deine Eltern?

- Wie alt sind sie?
- Haben sie ihren Beruf gerne?
- Welche Arbeiten mögen sie überhaupt nicht?
- Was machen sie in ihrer Freizeit?
- Welche Fernsehsendungen sehen sie sich besonders gerne an?
- Welche Lieblingsspeisen haben sie?
- Was mögen sie gar nicht?
- Welche Lieblingsfarben haben sie?
- In welcher Stimmung waren sie gestern Abend?
- Welche Musik hören sie gerne?
- Welche Bücher lesen sie?
- Mögen sie Tiere?
- Waren sie gut in der Schule?
- Was haben sie als Kinder gerne gespielt?
- Worüber würden sie sich mehr freuen: über einen Blumenstrauß von dir oder einen Tag freiwilliges Mithelfen im Haushalt?

Hast du alles auf Anhieb beantworten können? Hoffentlich blieb die eine oder andere Frage offen. Dann hättest du schon Stoff für deine nächsten Fragen.
Stell dir mal vor, wir hätten keine Fragen, wenn wir uns unterhalten oder etwas lernen. Das wäre doch stinklangweilig – ganz ohne Fragen ...

- **Auf welcher Seite taucht Piko wieder auf?**
  Seite 74
- **Jetzt hätte ich Lust auf ein paar Fragen, die mich selbst betreffen.**
  Seite 80
- **Manchmal melde ich mich und will etwas fragen. Komme ich dann dran, ist plötzlich der »Film gerissen«.**
  Seite 74
- **Wer dumm fragt, kriegt auch blöde Antworten.**
  Seite 97

Konzentration

In der Physik gibt es einen Lehrsatz, der heißt: »Der Platz, den ein Körper einnimmt, kann zur selben Zeit von keinem anderen besetzt werden.« Das gilt auch für unser Gehirn. Selbst wenn wir noch so stolz sein dürfen, was wir damit alles fertig bringen, eines schaffen wir trotzdem nicht: zwei völlig voneinander verschiedene Dinge gleichzeitig bedenken.

Wir brauchen eine gewisse Ordnung. Auch Kinder brauchen eine geordnete Welt. Orientierung ohne Ordnung ist unmöglich. Durcheinander macht kribbelig. Ruhe ausstrahlen kann nur, wer selbst ruhig ist.

Darum ist es der erste Schritt, für sich selber an ein Konzentrationsprogramm zu denken. Was macht mich selber am meisten kribbelig?

- Wenn ich am Morgen schon hetzen muss?
- Wenn ich nicht in Ruhe frühstücken kann, weil ich zu spät aufgestanden bin?
- Wenn vor dem Frühstück schon das Telefon klingelt?
- Wenn mehrere Leute gleichzeitig auf mich einreden?
- Wenn ich mich mit jemandem unterhalten soll, während das Radio läuft?
- Wenn jemand ständig das Fernsehprogramm umschaltet?
- Wenn ich eine Verabredung einhalten will und die anderen trödeln, als hätten sie endlos Zeit?

Lässt sich der Tagesablauf so gestalten, dass solche Situationen entschärft werden? Müssten einige notwendige Pflichten auf mehrere Personen verteilt werden? Habe ich genügend Zeit für mich selber?

Vielleicht finden Sie in diesem Zusammenhang eine Antwort auf die Frage, wie gut Ihr Gedächtnis ist. Das können Sie selbst bewerten, wenn Sie den folgenden Fragebogen ausfüllen. Allerdings geht es hier nicht um

und Entspannung

Ihre intellektuelle Gedächtnisarbeit, sondern um Ihre Kopfarbeit in Alltagssituationen.
Bitte kreuzen Sie in der Spalte vor den Fragen die zutreffende Antwort an. Die Spalte hinter den Fragen bietet Ihnen die Möglichkeit zu erfahren, wie andere das bei Ihnen sehen. Wie schätzt Ihre Partnerin, Ihr Partner, Ihre Freundin oder Ihr Freund Sie in diesen Situationen ein? Ein solcher Vergleich zu Ihrer Selbstbewertung ist sicher aufschlussreich.

Linke Spalte							Rechte Spalte				
1	❑	❑	❑	❑	Das passiert mir (fast) nie	Das passiert ihr/ihm (fast) nie	1	❑	❑	❑	❑
❑	2	❑	❑	❑	schon mal	schon mal	❑	2	❑	❑	❑
❑	❑	3	❑	❑	jeden Monat	jeden Monat	❑	❑	3	❑	❑
❑	❑	❑	4	❑	jede Woche	jede Woche	❑	❑	❑	4	❑
❑	❑	❑	❑	5	jeden Tag	jeden Tag	❑	❑	❑	❑	5

1	2	3	4	5		1	2	3	4	5
❑	❑	❑	❑	❑	1. Wo habe ich das nur hingelegt? Ich habe es (den Schlüssel zum Beispiel) doch gerade noch gehabt.	❑	❑	❑	❑	❑
❑	❑	❑	❑	❑	2. Jetzt habe ich es (zum Beispiel das Glas) doch in der Küche stehen lassen und muss zurückgehen, um es zu holen.	❑	❑	❑	❑	❑
❑	❑	❑	❑	❑	3. Wie sagt man doch gleich? Das Wort liegt mir »auf der Zunge«. Ich weiß, dass ich es weiß, komme jetzt aber nicht drauf.	❑	❑	❑	❑	❑
❑	❑	❑	❑	❑	4. Das soll ich gestern oder vor ein paar Tagen gesagt haben? Daran kann ich mich wirklich nicht erinnern.	❑	❑	❑	❑	❑

1	2	3	4	5		1	2	3	4	5
❑	❑	❑	❑	❑	5. Komisch, jetzt habe ich das Buch oder den Artikel zum zweiten Mal gelesen. Und das ist mir erst ganz am Schluss aufgefallen.	❑	❑	❑	❑	❑
❑	❑	❑	❑	❑	6. Wie heißt der doch gleich? Das ist doch ein alter Bekannter. Ich komme jetzt nicht auf seinen Namen.	❑	❑	❑	❑	❑
❑	❑	❑	❑	❑	7. Wie geht der Witz weiter? Ich bin ganz sicher, als ich mit dem Erzählen begann, kannte ich die Pointe noch.	❑	❑	❑	❑	❑
❑	❑	❑	❑	❑	8. Da bin ich prompt in die falsche Richtung gelaufen, obwohl ich in dieser Gegend oder diesem Gebäude schon oft gewesen bin.	❑	❑	❑	❑	❑
❑	❑	❑	❑	❑	9. Vielen Fernsehfilmen kann ich nicht folgen, weil ich die Personen dauernd verwechsle.	❑	❑	❑	❑	❑
❑	❑	❑	❑	❑	10. Dinge wie Regenschirm, Handschuhe, Brille oder Schlüssel lasse ich irgendwo liegen oder verliere sie sogar.	❑	❑	❑	❑	❑

Wenn Sie nun die Punkte in den angekreuzten Feldern zusammenzählen, haben Sie einige konkrete Anhaltspunkte, wie gut Ihr »Alltagsgedächtnis« funktioniert.

Bis 20 Punkte:
Sie dürfen sehr zufrieden sein.

21–25 Punkte:
Sie dürfen noch zufrieden sein.

26–35 Punkte:
Ihr Gedächtnis lässt Sie wohl öfter im Stich. Vielleicht geht es in Ihrem Leben eher geschäftig zu?

36–40 Punkte:
Die Fehlleistungen häufen sich doch sehr. Ob der Stress Sie nicht überfordert?

Mehr als 40 Punkte:
Hier wären die besten Techniken zu mehr Entspannung gerade gut genug.

Sieben bewährte Wege zur Entspannung

Wenn Hektik und Stress uns immer mehr vereinnahmen, leidet auch das Lernen unserer Kinder darunter. Soll die gestresste Seele zur Ruhe kommen, ist Entspannung angesagt. Denn nur im Zustand der Entspannung können wir neue Kräfte schöpfen.
Es gibt die unterschiedlichsten Methoden, dieses wohlige Gefühl zu spüren.

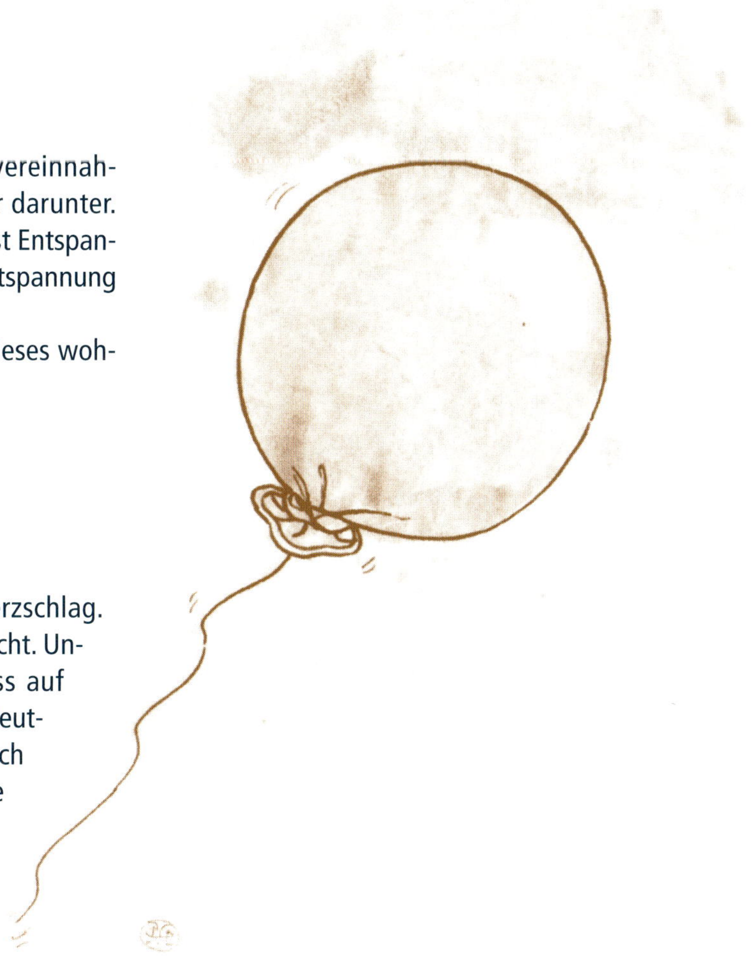

1. Atemtechnik

Atemholen spüren wir so wenig wie den Herzschlag. Wir atmen einfach. Doch so einfach ist das nicht. Unsere Gefühle, unsere Seele nehmen Einfluss auf den Atem. Wer aufgeregt ist, spürt das überdeutlich. Glücklicherweise funktioniert es aber auch umgekehrt: Richtiges Atmen beeinflusst die Seele. Mit rhythmischen, harmonischen Atemzügen leiten wir beruhigende Nervenimpulse an das Zentralnervensystem. Probieren Sie es aus!
Hierzu eine einfache Übung, die beruhigt und entspannt: Sie liegen flach auf dem Rücken, holen langsam und tief Luft und zählen dabei still bis 15 ... Sie zählen nochmals bis 15 und halten dabei die Luft an ... Danach atmen Sie ganz langsam aus, die »Puste« soll bis 15 reichen.
So werden Sie Atemzug um Atemzug ruhiger.

2. Autogenes Training

Autogenes Training gehört heute zu den am häufigsten praktizierten Entspannungsmethoden. Sie hilft innere Verkrampfungen und damit verbundene Gesundheitsstörungen abzubauen: Herzklopfen, Schwindelgefühl, Magen- und Darmbeschwerden. Bei dieser Methode wird die Entspannung durch eine Art Selbsthypnose eingeleitet. Man suggeriert sich immer wieder Ruhe, lässt Arme und Beine schwer werden, spürt Wärme auf

der Haut und beeinflusst den Herzschlag, der sich in einen gleichmäßigen Rhythmus einpendelt.
Das Autogene Training kann man nicht im Schnellverfahren erlernen. Wenn man es aber beherrscht, kann man es im Schnellverfahren anwenden. Vor allem in Stresssituationen ein wirkungsvolles Mittel.
Volkshochschulen und andere Bildungseinrichtungen bieten entsprechende Kurse an. Hieran teilzunehmen bedeutet einen Zeitaufwand, der sich in aller Regel lohnt.

3. Laufen hilft entspannen

Entspannendes und entspanntes Laufen ist das Tempo, bei dem Sie noch plaudern können. Wenn Sie dabei von Zeit zu Zeit Ihren Puls erfühlen und eine Frequenz von 130 zählen, dann laufen Sie entspannt. Dann benutzen Sie dabei ein Heilmittel, das Ihr vegetatives Nervensystem stärkt. Sie atmen intensiver und das Gleichgewicht von Sauerstoffaufnahme und Sauerstoffverbrauch erzeugt Schritt für Schritt ein positives Körpergefühl.

4. Innere Harmonie durch Musik

Selbst in der medizinischen Behandlung spielt die Musik immer mehr eine wichtige Rolle. Schon einzelne harmonische Klangelemente, vermischt mit Naturgeräuschen, wie das Rauschen des Meeres oder Waldes, wirken beruhigend und entspannend.
Ansonsten liefert die Klassik viele geeignete Beispiele mit Stücken wie:

- Brahms, 2. Satz aus dem Konzert für Violine und Orchester, D-Dur, op. 77
- Bach, Die Kunst der Fuge, Kontrapunkt 4

- Bartók, 2. Satz aus dem Konzert für Violine und Orchester Nr. 2
- Beethoven, Egmont, op. 84
- Berlioz, Liebesszenen aus Romeo und Julia, op. 17
- Dvořák, Romanze für Violine und Orchester, op. 11
- Händel, Pastorale des Oratoriums »Der Messias«
- Haydn, 2. Satz aus der Sinfonie Nr. 6, D-Dur (Le Matin)
- Liszt, Inferno und Purgatorio aus der Dante-Sinfonie

5. Progressive Muskelentspannung

Dieses einfache System ist vor allem dann für Sie geeignet, wenn Sie eine größere Anstrengung hinter sich haben.
Sie können die Methode in fast jeder Körperhaltung anwenden. Das Prinzip beruht darauf, mit aller Kraft bestimmte Muskeln anzuspannen. Der Reihe nach, von der Kopfhaut bis zum kleinen Zeh. Sie halten diese Spannung sieben Sekunden lang, Ihr Atem geht ganz ruhig dabei, dann lösen Sie die Verkrampfung der Muskulatur und es folgt eine Phase verstärkter Entspannung.
Wenn Sie die folgende Anleitung langsam auf ein Band sprechen, zwischen den einzelnen Schritten lange Pausen lassen und im Hintergrund passende Musik mitläuft, haben Sie ein Entspannungsprogramm, bei dem Sie nicht viel verkehrt machen können. Sie müssen lediglich ein gesundes Herz-Kreislauf-System besitzen.
Die Übung »Der Schwamm« bewirkt eine vollkommene Entspannung der Muskeln, entspannt das gesamte Nervensystem, beruhigt Geist und Seele, entspannt und lindert Angstgefühle, nervöse Zustände und Schlaflosigkeit, baut Energie auf.

Ausführung (Text für Ihre Kassette oder wie Sie ihn sich langsam vorlesen lassen):

Ich lege mich auf den Boden, die Beine leicht gespreizt, die Arme kraftlos neben dem Körper.

Ich strecke die Zehen weit von mir weg. So verharre ich fünf Sekunden und entspanne.

Ich biege meine Zehen in Richtung Kopf, indem ich die Füße in den Knöcheln beuge; ich verharre; entspanne.

Ich hebe meine Fersen ein paar Zentimeter vom Boden und strecke die Beine aus; ich presse meine Kniekehlen dabei fest gegen den Boden; verharren; entspannen.

Ich strecke meine Beine aus und die Zehen zueinander, indem ich die Fersen nach außen oben drehe; verharren; entspannen.

Ich kneife die Gesäßbacken zusammen; verharren; entspannen.

Ich ziehe meinen Bauch so weit wie möglich ein und hoch; verharren; entspannen.

Ich mache ein Hohlkreuz und strecke die Brust aus; verharren; entspannen.

Ich strecke die Arme aus, die Handflächen nach unten, und biege die Finger in Richtung Kopf; verharren; entspannen.

Ich mache eine Faust und breite meine Arme ganz langsam, mit starkem Gegendruck, aus, bis sie in Schulterhöhe sind. Das stärkt die Brustmuskulatur; verharren; entspannen.

Ich ziehe die Schulterblätter zusammen; verharren; entspannen.

Ich ziehe die Schultern bis zu den Ohren hoch; verharren; entspannen.

Ich ziehe meine Mundwinkel nach unten; verharren; entspannen.

Ich drücke meine Zungenspitze gegen den Gaumen; verharren; entspannen.

Ich spitze meinen Mund und drücke meine Augen zu, ganz fest; verharren; entspannen.

Ich gähne ganz langsam, wehre mich gegen das Öffnen meines Mundes; verharren; entspannen.

Ich drücke meinen Hinterkopf fest gegen den Boden; verharren; entspannen.

Ich runzle die Stirn und ziehe die Kopfhaut nach vorn; verharren; entspannen.

Ich ziehe den Kopf nach hinten in Richtung Schultern, ohne dabei den restlichen Körper zu bewegen.

Ich entspanne. Ich lasse mich förmlich in den Boden hineinsinken und bleibe so für zehn Minuten liegen.

6. Massage ist mehr als eine Streicheleinheit

Eine große Anspannung können Sie manchmal regelrecht wegreiben. Sie setzen sich entspannt hin, strecken die Beine weg und lassen einen Arm locker hängen. Den anderen Arm brauchen Sie, um den Zeigefinger auf die Kinnspalte zu legen, etwa einen Finger breit unterhalb der Unterlippe. Massieren Sie nun diese Stelle ganz langsam in kleinen, sanften Kreisen. Eine Minute lang ... dann eine Minute Pause ... und noch einmal von vorn.

Einen anderen Druckpunkt finden Sie knapp unterhalb der Kniescheibe, ein wenig seitlich – außen. Versuchen Sie die gleiche Übung mal an dieser Stelle.

Neben solchen Griffen, die mit Akupressur zu tun haben, kann sehr oft eine gegenseitige Kopf- und Nackenmassage eine Verspannung lösen. Wohltuend ist es allemal.

7. Meditation durch gelenkte Fantasie

Eine andere Form, sich zu sammeln und zur Ruhe zu kommen, ist die Meditation.

Ganz ruhig eine brennende Kerze betrachten, schweigen und in sich hineinhorchen, auf den Rhythmus des eigenen Atems hören, halblaut einen bestimmten Satz oder ein Wort wie ein Mantra wiederholen, all das kann uns in meditative Stimmungen versetzen, in die wir absichtslos eintauchen.

Meditation ist eine Möglichkeit, von der Außenwelt abzuschalten, nichts Störendes von außen wahrzunehmen. Gedanken kommen und gehen. Sie spüren Ruhe und Stille.

Geduld ist hier die wichtigste Voraussetzung. Nur so können Gelassenheit und Stille entstehen.

Haben Sie zehn Minuten Zeit? Dann sind Sie herzlich zu einer Fantasiereise eingeladen, auf der Sie etwas von dieser Ruhe spüren können. Ziehen Sie sich in einen Raum zurück, wo Sie wirklich mindestens zehn Minuten völlig ungestört sein können.

Folgen Sie der Reise Schritt für Schritt. Am besten lesen Sie sich dazu jeden Satz halblaut vor. Bevor Sie den nächsten Satz lesen, versetzen Sie sich in die beschriebene Situation. Fühlen Sie das, was die Sätze auslösen. Wenn Sie wollen, können Sie einzelne Sätze auch mehrmals wiederholen. Und nun, gute Reise!

Ich bin auf dem Meer.
Weit fort von daheim.
Vergessen ist das Alltagseinerlei.
Ich bin auf einem schönen, alten Boot.
Es stammt aus einer anderen Zeit.
Das Boot gleitet sanft dahin.
Ich fühle mich wohl.
Ich schaue in die Wellen, wie sie tanzen: Auf und ab. Auf und ab.
Ich spüre meinen Atem: Ein und aus. Ein und aus.
Eine warme, sanfte Ruhe durchströmt meinen ganzen Körper.
Mein Blick schweift über den Horizont.
Ich entdecke eine Insel.
Weit, weit entfernt.
Ich will dorthin.
Ich komme näher. Ganz allmählich.
Jetzt kann ich etwas erkennen: Büsche, Palmen, Sandstrand.
Mein Boot nähert sich der Insel.
Das Meer ist ruhig.
Ganz ruhig.
Ich lege am Ufer an, steige aus und ziehe mein Boot an Land, auf einen weiten, hellen Strand.
Ich fühle den Sand unter meinen Füßen, den warmen, weichen Sand.
Ich setze mich und rieche den Duft von Blüten.
Ich schmecke das Salz des Ozeans.
Ich schaue den Wolken am Himmel nach und schließe die Augen.

Jetzt bin ich wieder hellwach und hier in meinem Zimmer.[6]

Ob Ihr Kind bei dieser oder einer ähnlichen Übung mal mitmachen möchte?
Wenn Sie sich selbst zur Ruhe bringen, kommt das ganz sicher auch Ihrem Kind zugute.

Zum Schluss noch eine Formel

Wenn Sie über mangelnde Konzentration Ihres Kindes klagen, bedenken Sie die Zeitspanne, in der konzentriertes Arbeiten an einem Stück möglich ist. Für einen Elfjährigen ist bereits nach 25 Minuten eine Pause fällig. Ein achtjähriges Kind muss spätestens nach 20 Minuten wieder auftanken können.
Als Faustregel gilt:

Alter x 2 + 3

(Das doppelte Alter plus 3 ergibt die Zahl der Minuten.)

- **Wie kann ich etwas von dieser Stimmung weitergeben?**
  Seite 78
- **Sind Fantasiereisen nicht auch eine Gefahr, eine Flucht aus der Wirklichkeit?**
  Seite 92
- **Alles schön und gut, doch bei den Hausaufgaben funktioniert so etwas nicht.**
  Seite 95
- **Wenigstens die Faustregel gibt mir etwas Griffiges an die Hand.**
  Seite 91

Mein Konzentrationsprogramm

Ich habe Tage erlebt, da ging überhaupt nichts mehr. Kaum hatte ich mit einer Aufgabe angefangen, gingen mir schon wieder zig andere Dinge durch den Kopf. Erst hatte ich Hunger, fünf Minuten später wieder Durst, dann hab ich mit dem Radiergummi gespielt.
Eines schönen Tages war ich es leid. Da habe ich mir ein kleines Konzentrationsprogramm ausgetüftelt. Dazu gehört zum Beispiel die Stopp-Methode. Wie die funktioniert? Nun, immer wenn du merkst, dass deine Gedanken spazieren gehen, weil du nicht weißt, wie du mit der Aufgabe anfangen sollst, oder weil dir ein Ärger vom Vormittag in den Sinn kommt, kannst du mit einem kurzen, bewussten »Stopp!« gegensteuern. Du könntest dir sagen:
»Stopp – darüber denke ich um 17 Uhr nach. Jetzt bringt es nichts!«
Kommst du dann trotzdem mit der Aufgabe nicht zurecht, dann geh in Gedanken mal zurück ins Klassenzimmer, in den Unterricht. Schließe die Augen. Hörst du jetzt, was die Lehrerin/der Lehrer sagt?
Siehst du dich selbst dort in der Bank sitzen? Was machst du gerade in dem Augenblick, als dieser Stoff behandelt wird, den du hier in der Hausaufgabe bearbeiten sollst? Stell dir in Gedanken alles ganz genau vor.
Das kannst du regelmäßig üben. Sportler tun das auch. Vor wichtigen Wettkämpfen spielen sie alles ganz genau in Gedanken durch. Mentales Training nennen sie das. Mit solchen Übungen bestimmst du, wohin deine Gedanken dich führen. Es lohnt sich, das zu trainieren, weil man damit seine Willenskraft erhöht und schließlich leichter lernt.
Wie schnell auch die meisten Erwachsenen abzulenken sind, kannst du bei deiner Mutter oder deinem Vater ganz einfach testen. Gib ihnen ein Blatt Papier in die Hand, das sie zwischen Daumen und Zeigefinger festhalten sollen. So fest, dass du es nicht, auch nicht mit einem Ruck, entreißen kannst.
»Das hältst du nie, wetten?«, kannst du dann getrost behaupten. So zieht ihr beide dann am Papier – und tatsächlich, sie halten es fest. Wenn du nach ein paar Sekunden fragst: »Du, mit wem hast du vorhin telefoniert?«, und gleich nach der Frage nochmals ziehst, hast du die Wette garantiert gewonnen.
(Wenn nicht, brauchst du vielleicht eine bessere Frage zum Ablenken.)

Die nächste Übung heißt:

Der Mittelpunkt

Damit kann ich meine Gedanken ganz prima zusammenhalten. Wenn du es mal ausprobieren willst, nimm Papier und einen Bleistift (einen Kumpel von mir) zur Hand und schreibe mitten auf das Blatt meinen Namen. Du weißt doch noch, wie ich heiße? Jetzt ziehe einen Kreis darum und zeichne eine Linie, die von diesem Kreis ausgeht wie die Speiche eines Rades. Ans Ende der Linie schreibst du ein Wort, das dir in Verbindung mit meinem Namen einfällt.
Vielleicht erinnerst du dich, warum ich Piko heiße, du weißt, was ich für ein Wesen bin. Was kannst du alles damit machen? Oder du denkst an frühere Kapitel in diesem Buch, wo ich dir schon begegnet bin. Wenn du ein Wort gefunden und hingeschrieben hast, dann gehst du wieder zu dem Wort in der Mitte zurück, ziehst von dem Kreis wieder eine Speiche in eine andere Richtung und schreibst an das Ende das nächste Wort, das

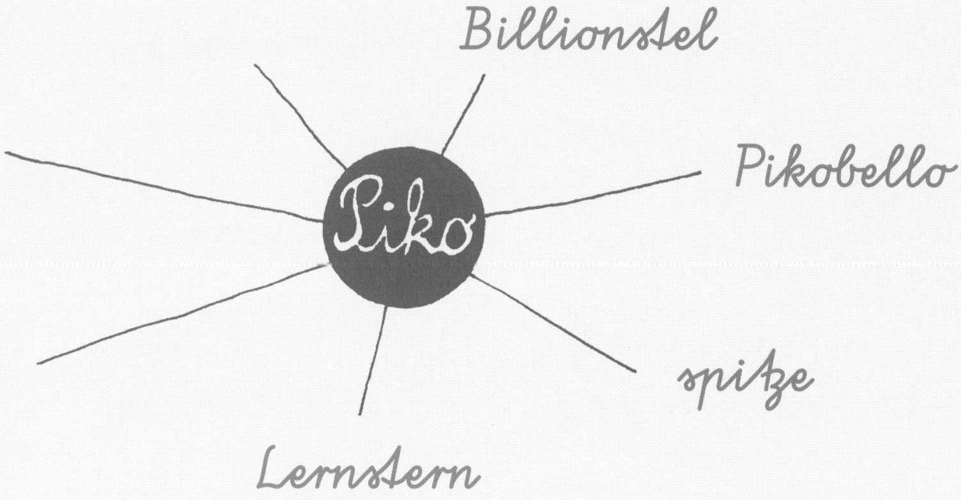

dir zu meinem Namen in den Sinn kommt. So geht es weiter, bis du ein richtiges Rad mit lauter Speichen hast.

Es ist schon ein schönes Gefühl für mich, zu sehen, wie sich alles nur um Piko dreht. Jetzt bin ich ganz sicher, dass du die letzten Minuten nur an mich gedacht hast. Oder?
Statt »Piko« in den Kreis zu schreiben, kannst du genauso gut ein Stichwort aus der Schule oder dein Aufsatzthema in den Mittelpunkt stellen.

Bei der dritten Übung läuft es genau andersherum. Da halte ich mir nichts vor Augen, sondern im Gegenteil, ich stecke etwas weg. Und zwar in

Die Problembox

Wenn ich mich mit einem Freund gestritten habe, eine Arbeit nicht so gut ausgefallen ist oder ich mich über jemanden ärgere, dann sitze ich zwar am Schreibtisch, bin mit meinen Gedanken oder Gefühlen aber doch nicht da.

Wenn ich das merke, setze ich mich ruhig und bequem auf meinen Stuhl. Dann atme ich drei- bis viermal ganz bewusst tief ein und aus. Ein und aus.
Ich schließe die Augen. Jetzt sehe ich mich selbst am Schreibtisch sitzen. Ich schaue auf ein leeres Blatt Papier und einen Stift. Ich nehme den Stift in die Hand und »schreibe« in Gedanken alles auf, was mich beschäftigt und was mich von meiner Aufgabe ablenkt. Ich sehe (nur in Gedanken) meine Schrift, ich höre den Stift auf dem Papier und spüre, wie ich mich auf den Schreibtisch stütze – obwohl ich ja bequem im Stuhl lehne.
Danach lege ich den Stift aus der Hand, falte das Papier, stehe auf und gehe zum Schrank (auch das nur in Gedanken), wo meine »Problembox« steht. Das ist ein bunt bemalter Schuhkarton – zumindest in meiner Fantasie. Ich öffne den Deckel, lege das gefaltete Papier hinein, schließe den Deckel wieder, drehe mich um und komme zum Schreibtisch zurück.
Jetzt erst öffne ich die Augen. Ich sitze tatsächlich am Schreibtisch und kann mich nun besser auf meine Aufgabe konzentrieren. Ich weiß ja, dass mein Problem erst einmal gut aufgehoben ist.
Wenn ich mit meiner Arbeit fertig bin, lehne ich mich wieder in meinen Stuhl zurück, schließe die Augen und »sehe« dann, wie ich zu meiner Problembox gehe. Ich hole das Papier heraus, falte es auseinander und beschäftige mich mit dem, was ich da aufgeschrieben habe.
Es kommt oft genug vor, dass sich ein Problem allein dadurch schon erledigt hat, dass ich es für eine Weile in der Problembox abgelegt hatte. Was noch übrig geblieben ist, überdenke ich noch einmal oder bespreche es mit einem Freund. Jedenfalls habe ich es noch nie erlebt, dass ein Problem in dieser Box größer geworden wäre oder Junge gekriegt hätte ...

Als Viertes habe ich in meinem Programm noch eine tolle Konzentrationsübung, die ich einem Tennistrainer abgeguckt habe:
Du stellst dich entspannt hin, hast die Füße in kleinem Abstand voneinander und lässt die Arme entspannt an den Seiten hängen. Den linken Fuß hebst du jetzt langsam an, drehst ihn nach außen und beugst das Knie. Danach drehst du das Knie so weit wie möglich nach innen, ohne dass du dich in der Hüfte drehst. Der Winkel im Bein mit dem gebeugten Knie bleibt unverändert.
Jetzt spreizt du die Arme langsam und locker seitwärts ab. Sportler nennen das die »20-vor-4-Position«.
Wenn deine Arme Uhrzeiger wären, dein Kopf wäre die Zwölf auf dem Zifferblatt und deine Füße stünden auf der Sechs, dann weißt du jetzt, warum diese Position so heißt. Die Übung geht langsam und fließend weiter. Ohne anzuhalten drehst du das angewinkelte Bein wieder nach außen und dann hinter den Körper, während du dich ganz langsam nach vorn neigst, deinen Kopf zwischen die Arme nimmst und die Hände weit nach vorn ausstreckst. Gleichzeitig streckst du das Bein nach hinten, bis Arme, Körper und Bein eine gerade Linie parallel zum Boden bilden. Wenn ich dir das mit Worten hier beschreibe, klingt das viel komplizierter, als es in

Wirklichkeit ist. Deshalb male ich dir oben auf, wie die Übung bei mir aussieht.

Jetzt machst du das Ganze noch in umgekehrter Reihenfolge:
Du winkelst das linke Bein wieder an, bewegst es um den Körper nach innen, während du dich aufrichtest, dann wieder nach außen im gleichen Winkel und stellst den Fuß langsam auf den Boden zurück. Die Arme hängen wieder locker an der Seite. Ohne eine Pause zu machen machst du dann dieselbe Übung mit dem anderen Bein.
Aber denke daran: Hier ist das Zeitlupentempo absolut spitze. Wenn du das jeden Tag einmal machst, am besten vor den Hausaufgaben, dann wirst du bald verstehen, warum diese Konzentrationsübung ein Geheimtipp von Spitzensportlern ist.

- ❑ **Schön und gut, aber wie konzentriere ich mich bei Klassenarbeiten?**
  Seite 116
- ❑ **Ich glaube nicht, dass das bei mir viel Sinn hat. (Soll ich trotzdem mal eine der Übungen ausprobieren?)**
  Seite 80
- ❑ **Das sind ja tolle Tipps. Gibt es noch mehr davon?**
  Seite 96
- ❑ **Wenn ich das machen würde, käme ich mir ganz schön albern vor.**
  Seite 80

Selbstbewusste Kinder lernen besser

Immer wenn wir für ein Kind etwas tun, was es selbst tun könnte, zeigen wir ihm, dass es mit schwierigen Situationen nicht selbst fertig werden kann. Kinder müssen aber lernen, Verantwortung zu übernehmen. Das setzt ein Gefühl der Sicherheit voraus. Diese Sicherheit im Vertrauen auf die eigenen Fähigkeiten entsteht nicht von selbst. Wer nicht gelernt hat, sich zu entscheiden, was für ihn wichtig und bedeutsam ist, wer nicht weiß, worin seine Fähigkeiten liegen, wer sich selbst nicht kennt, also kein Selbstbewusstsein hat, wird auch nur schwer Selbstsicherheit entwickeln können. Ähnliches gilt für die Selbstdisziplin. Wenn immer jemand da ist, der meine Angelegenheiten regelt, kann ich nicht lernen, mich selbst darum zu kümmern. Eltern sollten nicht ständig die Verantwortung der Kinder auf sich nehmen.

Wer seine Zeit nicht richtig einteilt, trödelt und dadurch zu spät kommt, muss auch die Folgen tragen, um daraus und daran lernen zu können.

Alles, was uns als Eltern wirklich wichtig ist, lernen Kinder aus unserer Haltung intensiv genug. Im täglichen Zusammenleben spiegelt sich in hundert Kleinigkeiten, in wichtigen und unwichtigen Entscheidungen unsere Einstellung zum Leben wider. Damit beeinflussen wir auch das Leben unserer Kinder. Bevor diese sich wirklich mit unseren Leitgedanken aktiv auseinander setzen, sich gegebenenfalls dagegen auflehnen können, ahmen sie zunächst all das nach, was ihnen vorgelebt wird, und verinnerlichen es.

Wenn wir uns in unserem Verhalten beobachten, werden wir feststellen, wie viel auch wir aus unserem Elternhaus übernommen haben, selbst wenn wir alles ganz anders und viel besser machen wollten.

Kommen Ihnen diese Sprüche bekannt vor?

- Was auf den Tisch kommt, wird gegessen.
- Jeder ist sich selbst der Nächste.
- Was du heute kannst besorgen, das verschiebe nicht auf morgen.
- Der Klügere gibt nach.
- Erst die Arbeit, dann das Spiel.
- Wenn Erwachsene reden, halten Kinder den Mund.
- Eigenlob stinkt ...

Was auch immer wir reden, wir werden unseren Kindern weit mehr von dem vermitteln, was und wie wir sind, als davon, was wir von ihnen oder für sie wünschen.

- Wie steht es mit meiner Angst vor bestimmten Tieren?
- Fällt es mir schwer, einen Fehler einzugestehen, beharre ich gerne auf meinem Recht?
- Wie arbeite ich im Haushalt mit?
- Wie sehr und wie oft fühle ich mich allein verantwortlich?
- Kann ich mich selber leiden?

Das Bild, das ich selbst von mir habe, meine Selbstachtung und Wertschätzung prägen mich und meine Beziehung zu anderen. An mir lernen meine Kinder, wie man mit seinen Fehlern und Schwächen, aber auch mit seinen Begabungen und Stärken umgeht.

Für die Entwicklung dieser notwendigen Fähigkeit hat der alte Pestalozzi-Grundsatz nichts an Bedeutung ver-

loren: »Vergleiche nie ein Kind mit einem anderen, sondern immer mit sich selbst!« Erwachsene reagieren oft ungehalten, wenn ihnen »Vergleichsfiguren« vorgehalten werden: »Schau mal, wie der Herr Meister seiner Frau im Haushalt hilft – und du!?«
Kinder mögen das ebenso wenig. Ein Kind, das Selbstsicherheit gewinnen soll, muss sich akzeptieren können, wie es ist. Dann ist auch die Bereitschaft, sich selbst zu verändern, viel größer. So kann sich jeder mit sich selbst vergleichen. Gestern habe ich es so weit geschafft, gemessen daran war es heute weniger, genauso viel oder mehr.
So hat die Selbsterziehung die bessere Chance. Und dabei tun Sie eine ganze Menge für Ihr Kind.

- ❑ **Dieses Thema möchte ich gerne vertiefen.**
  Seite 83
- ❑ **An Selbstbewusstsein fehlt es meinem Kinde nicht; nur bei Klassenarbeiten ist es wie weggeblasen – da traut es sich zu wenig zu.**
  Seite 110
- ❑ **Das sind doch Binsenweisheiten. Ich hätte jetzt gern etwas Handfesteres zum Thema »Lernen«.**
  Seite 112
- ❑ **Wie fördere ich die Selbstsicherheit und Selbstständigkeit meines Kindes?**
  Seite 83

Schenk dir ein Bild von dir

Ja, du hast richtig gelesen. Hier kannst du dir ein Bild von dir selber machen. Ich habe dir dazu einen Fragebogen mitgebracht. Du brauchst nur jeweils die Antwort anzukreuzen, die am ehesten für dich zutrifft.

	ja	nein	weiß nicht
Ich bin sportlich.	❑	❑	❑
Ich bin musikalisch.	❑	❑	❑
Ich bin öfter launisch.	❑	❑	❑
Ich sehe ganz gut aus.	❑	❑	❑
Ich habe in der Schule ein Problemfach.	❑	❑	❑
Ich habe ein Lieblingsfach.	❑	❑	❑
Meine Noten sind besser, als ich sie verdient habe.	❑	❑	❑
Bei den Hausaufgaben ist Vater/Mutter zu stark hinter mir her.	❑	❑	❑
Meine Eltern wären mit einer 4 in einem Hauptfach noch zufrieden.	❑	❑	❑
Meine Eltern wären über eine 2 richtig begeistert.	❑	❑	❑
Das Schlimmste an einer schlechten Note wäre der Ärger daheim.	❑	❑	❑
Das Schlimmste an einer schlechten Note wäre die Blamage vor den Kameraden.	❑	❑	❑
Eine schlechte Note gäbe mir das Gefühl, ein Versager zu sein.	❑	❑	❑
Ich habe eine echte Freundin/einen echten Freund.	❑	❑	❑
Ich bin manchmal richtig stolz auf mich.	❑	❑	❑
Meine Eltern freuen sich, dass ich bin, wie ich bin.	❑	❑	❑
Ich vergleiche mich gerne mit anderen.	❑	❑	❑
Beim Lernen stecke ich mir mein Ziel lieber ein bisschen zu hoch.	❑	❑	❑
Das Mündliche fällt mit schwerer als Schriftliches.	❑	❑	❑
Manchmal habe ich Angst vor Klassenarbeiten.	❑	❑	❑

Hast du ein klares Bild von dir? Das ist doch schön. Wie oft du »ja« oder »nein« angekreuzt hast, ist nicht das Wichtigste. Wichtig ist, dass du nicht allzu oft »weiß nicht« angekreuzt hast. Dann hättest du ein sehr verschwommenes Bild von dir. Dann wäre es schon eine gute Übung für dein Selbstbewusstsein, wenn du nach ein paar Tagen diesen Fragebogen noch einmal bearbeitest und dann den Mut vor dir selbst hättest, möglichst viele »Weiß nicht« in ein »Ja« oder »Nein« zu verwandeln.

Wenn du dich selber richtig einschätzt, also nicht wie ein Angeber übertreibst oder dich schlechter machst, als du bist, kannst du dich am wohlsten fühlen.

Wenn ich meine Möglichkeiten und Grenzen ganz klar sehe, kann ich auch damit leben, dass es neben mir noch Leute gibt, die entschieden besser sind.

Wenn du überzeugt bist, für Diktate oder Mathe nicht begabt zu sein, weil dir das Fach nicht liegt, dann kommst du nur schwer davon los. Du schiebst dein Versagen auf etwas, was du nicht ändern kannst. Deshalb glaubst du dann, dass es auch gar keinen Sinn hat, sich weiter anzustrengen.

Sachen, die ich nicht kann, die mich nicht interessieren, gehe ich genauso gerne aus dem Weg wie Leuten, die ich nicht leiden kann. Und doch: Hast du schon mal erlebt, dass du solche Leute nach längerem Kennenlernen auf einmal ganz gern mochtest?

Ich komme ja viel rum in der Welt. Und da begegne ich unwahrscheinlich vielen Leuten. Diejenigen, die besonders wenig Selbstvertrauen haben, sind meist auch recht schüchterne Leute. Diese Menschen möchten aber eigentlich gerne mit der Umwelt Kontakt knüpfen, aber es gelingt ihnen nicht ganz. Sie fürchten sich ständig vor der Kritik der anderen. Oft stellen sie einfach zu hohe Ansprüche an sich selber. Diese Scheu geht manchmal zurück auf frühe Erfahrungen, die sie als Kind gemacht haben. Vielleicht waren ihre Eltern zu ängstlich und erlaubten ihnen kaum ein Wagnis oder ihre Leistungen wurden nicht anerkannt.

Es gibt übrigens viel mehr schüchterne Menschen, als

man allgemein annimmt. Wer in einer Gruppe auffallend forsch auftritt, gehört öfter ebenso zu den Schüchternen. Durch sein auffälliges Benehmen versucht so jemand vielleicht von seiner Unsicherheit abzulenken. Dabei ist ein gewisses Maß an Schüchternheit durchaus normal – und auch sympathisch.
Wenn du dich aber über deine Schüchternheit ärgerst, suche dir eines von diesen Briefchen aus. Vielleicht kannst du auch einer Freundin oder einem Freund damit helfen.

Erwarte nicht zu viel von dir!
Also nicht gleich so elegant diskutieren wollen wie die Geschicktesten.
Besser sich täglich einmal überwinden, etwas zu sagen.
Langsam steigern!

Dein Piko, der Unscheinbare

Überschätze die anderen nicht!
Auch sie erleben Niederlagen, aber sie geben nicht auf.
Schätze dich selber richtig ein!
Du kannst vieles, was andere vielleicht nicht können.
Orientiere dich an dem, was du kannst! Und halte dir nicht dauernd vor Augen, was du nicht kannst.

Dein Piko, der spitze Typ

Denke nicht immer daran, was die anderen von dir halten. Das blockiert nur und meistens denken sie sowieso nur an sich selber …
Hab Courage zur Blamage: Wenn's danebengeht, versuch es halt noch einmal. Niemand hat immer nur Pech.

Dein Piko, das Billionste

- ❑ **Jetzt weiß ich endlich, was für ein toller Typ ich bin.**
  Seite 96
- ❑ **Mit diesen Tipps kann ich nichts anfangen.**
  Seite 96
- ❑ **Es ist ja gar nicht so leicht, ehrlich zu sich selbst zu sein.**
  Seite 96
- ❑ **Okay, da picke ich mir ein paar »Rosinen« raus.**
  Seite 96

Selbstständigkeit bei den Hausaufgaben

Wenn Daniel in seinem Zimmer auf dem Boden sitzt und selbstvergessen seine Autos hin und her fahren lässt, wird seine Mutter ganz kribbelig und denkt, er sollte die Zeit wohl besser zum Lernen nutzen. Zumal er das letzte Diktat schon wieder verhauen hat. Da traf es sich ganz gut, dass die Klassenlehrerin zu einem Elternabend eingeladen hatte.

Klaus Meister kam aus dem Büro und freute sich auf seinen Feierabend. Er hatte zunächst keine rechte Lust mitzugehen.

Pünktlich um zwei nach acht nahmen Uschi und Klaus Meister auf den Stühlen der 3a Platz.

Die Lehrerin hatte den Elternabend unter das Thema gestellt: Soll die Mutter bei den Hausaufgaben dabei sein? Herr Meister rückte so mit dem Stuhl, dass er den Eindruck erweckte, er wolle wieder gehen. Jedenfalls ergänzte die Lehrerin schnell: »... oder der Vater, wenn er daheim ist.«

Sie lächelte und erzählte:

»Diese Frage wird mir immer wieder gestellt und sie lässt sich nicht für alle Kinder pauschal beantworten. Ich vergleiche die Hausaufgabensituation mit dem Lernen in der Schulklasse und stelle mir dabei die einzelnen Kinder vor.

Ich denke da zum Beispiel an Stefanie. Sie fängt willig an zu arbeiten, doch gleich darauf lutscht sie am Bleistift, wackelt mit dem Stuhl, träumt ... Ich gehe zu ihr und lege ihr die Hand auf die Schulter. Sie arbeitet weiter. Ich denke, dass es für Stefanie hilfreich ist, wenn ihre Mutter bei den Hausaufgaben am gleichen Tisch sitzt. Das heißt allerdings nicht, dass die Mutter jede Aufgabe kommentieren müsste oder ihr sogar die Lösungen diktieren sollte. Wenn sich Stefanie ans Arbeiten gewöhnt hat, kann die Mutter etwas für sich selber tun. Sie kann etwas lesen, stricken oder einen Brief schreiben. Nur sollte sie dabeisitzen.

Bei Manuel ist das anders. Er arbeitet schon konzentriert alleine. Er braucht es nicht mehr, dass ich oft hinter oder neben ihm stehe. Verlasse ich jedoch für einen kurzen Augenblick die Klasse, gelten alle Arbeitsregeln nicht mehr für ihn. Ähnlich stelle ich mir das bei den Hausaufgaben vor. Seine Mutter muss nicht mehr direkt am Tisch sitzen, doch sollte sie sich im selben Raum aufhalten. Manuel braucht die Kontrolle, um sich nicht ablenken zu lassen und zu verzetteln.

Ja, liebe Eltern, da sind wir Erwachsenen wohl nicht viel besser. Wenn andere uns zusehen, verhalten wir uns disziplinierter – die meisten wenigstens.

Als Dritten möchte ich Ihnen Christian vorstellen. Er ist schon sehr selbstständig. Ich kann mich darauf verlassen, dass er auch während meiner Abwesenheit weiterarbeitet. Entweder findet er die Aufgaben reizvoll genug oder er hat schon eine ausgeprägte Selbstdisziplin. Vielleicht trifft sogar beides zu. Natürlich erwartet er von mir, dass ich mir hinterher seine Aufgaben ansehe. Zu Hause erledigt er, soviel ich weiß, seine Hausaufgaben alleine. Er lässt sie nur von seiner Mutter nachsehen, und wenn er etwas nicht versteht, kommt er und fragt sie.

Es lässt sich also kein grundsätzliches Rezept aufstellen, wie es wohl am besten ist.

Lassen Sie mich zum Schluss etwas zum Erfolgsdruck sagen. Der macht nämlich intelligente Kinder faul. Denn ein möglicher Misserfolg ist viel leichter zu ertragen, wenn ich mir vorher nicht auch noch Mühe gegeben habe.

Und dann gibt es eine ganze Reihe, die aus lauter Angst, etwas falsch zu machen, gar nicht erst mit der Arbeit anfangen oder sich im Unterricht nicht beteiligen.
Gerade solche Kinder brauchen besonders intensive Erfolgserlebnisse; Aufgaben, von denen sie wissen, dass sie sie gut bewältigen können. Das können auch soziale Erfolgserlebnisse sein. Ich meine damit, Kontakte zu Mitschülern durch Besuche und gegenseitige Einladungen pflegen und vertiefen. Wer in irgendwelchen Freizeitgruppen mitmacht, kann dort durch Kameraden Anerkennung finden, die sich auch auf das Leistungsverhalten auswirkt. Liebe Mütter, lassen Sie Ihre Kinder ruhig ausfliegen.
Das ist das Stichwort für mich, mit dem ich heute schließen möchte. Vertrauen Sie öfter auf Ihr gesundes Empfinden. Seien Sie spontan. Legen Sie nicht alles auf die Briefwaage, was Sie von Experten lesen.
Ach ja, das wollte ich Ihnen ja zum Schluss noch sagen: Die Experten haben nämlich herausgefunden, dass der Maikäfer aufgrund seiner Gewichtsverhältnisse gar nicht fliegen kann. Der Maikäfer aber, dieser Kerl, hat von Aerodynamik keine Ahnung. Und was tut er …?
In diesem Sinne wünsche ich unseren Kindern stets einen guten Flug – und Ihnen jetzt einen guten Heimflug.«

Auf dem Nachhauseweg sagte Herr Meister nur: »Den Schluss fand ich ganz schön, aber wir Väter sind doch total zu kurz gekommen.« – »Wieso?«, lachte seine Frau verschmitzt, »*der* Maikäfer ist doch männlich …«

- **Jetzt weiß ich erst recht nicht, wie ich es am besten mache.**
  Seite 89
- **Mein Kind ist ja kein Maikäfer …**
  Seite 85
- **Spontan und locker sein ist ja recht und gut. Aber hilft das meinem Kind beim Lernen?**
  Seite 90
- **Zum Thema »Eigenverantwortliches Lernen« würde ich gern mehr erfahren.**
  Seite 92

Der zehnjährige Scott saß vor vielen Hausaufgaben. Er kam nicht recht voran und fand alles schwierig. Dann wurde er wütend. »Ich hasse meinen Lehrer«, schrie er. »Ich werde diese Schularbeiten nicht machen.« »Du hast eine Menge Hausaufgaben zu erledigen«, gab seine Mutter zu und sagte weiter nichts. Zwei Stunden später, als alle Schularbeiten beendet waren, sagte Scott: »Ich danke dir, Mutter, dass du mir bei den Hausaufgaben geholfen hast.« Wie meinst du das?«, fragte die Mutter überrascht. Scott antwortete: »Du hast mir geholfen, weil du mich nicht noch mehr wütend gemacht hast.«

Neugier – der Urtrieb des Lernens

»Der Weg des Denkens ist der Umweg« (Hegel) und deshalb bedient sich eine gute Denkschule der Umwege. Da ist Raum für kleine Lernexperimente, vielleicht sogar den einen oder anderen etwas ausgefallenen Lerntipp. So lässt sich zum Beispiel die paradoxe Intervention beim Vokabeln-Vergessen auf amüsante Weise erleben: Das Kind sucht sich aus einer Vokabellektion drei Vokabeln aus, die es nicht behalten will. Diese schreibt es auf einzelne Schmierzettel, zerknüllt oder zerreißt sie dann – und wartet ab, ob das heftige Vergessen funktioniert …

Wahrscheinlich wird ihm dadurch dieser Lernvorgang bewusst gemacht: Bei vielem, um das ich verkrampft kämpfe, erreiche ich oft genau das Gegenteil. Das gilt auch für das Beschleunigen mit ungeduldigem Erklären.

Auch bei manchen Lernaufgaben erweist sich der Sinn und Nutzen erst nach einiger Zeit, vor allem erst dann, wenn man sich wirklich damit beschäftigt hat.

In dieser letzten Übung mit der »gelben Brille« befassen die Kinder sich mit den Fragen, ob das Lernen ihnen besser gelingt, wenn sie Neues ausprobieren. Dabei nehmen sie das Risiko in Kauf, dass etwas nicht so klappt, wie sie es sich wünschen. Pünktlichkeit und Ordnung sind ihnen nicht so wichtig und ihr Arbeitsstil ist (manchmal) sogar chaotisch. Sie gehen fantasievoll ans Werk und sind auch für »verrückte« Lernideen aufgeschlossen. Sie verstehen vieles intuitiv und lernen gern in Bildern.

Beim folgenden kleinen Test sollen die Kinder die Begriffe und ihre Bedeutung mithilfe von Eselsbrücken auswendig lernen. Vielleicht erklären Sie dem Kind noch kurz, wie der Arbeitsauftrag zu verstehen ist, bevor Sie ihm dieses Arbeitsblatt vorlegen. Wenn Sie und Ihr Kind schon bei den anderen Farbstationen Lust zum spielerischen Ausprobieren hatten, kann das Kind ja auch noch für diese Aufgabe eine (vielleicht wieder mit Transparentpapier selbst gebastelte) Sonnenbrille mit gelben Gläsern aufsetzen.

Das Kind liest die fremdartigen Begriffe und konstruiert still für sich zu jedem Begriff eine Eselsbrücke. So entstehen in seiner Fantasie möglichst merkwürdige Querverbindungen zur Bedeutung dieser Lexikonwörter.

Lernen mit Fantasie

Durch die *»gelbe Brille«* betrachtest du den Lernstoff *fantasievoll*. Lies die Wörter und ihre Bedeutung still für dich durch und versuche, dir alles zu merken. Damit dir das möglichst gut gelingt, erfinde Eselsbrücken. So könntest du zum Beispiel für das Schreckgespenst aus Griechenland eine Eselsbrücke bauen, bei der ein Lama »i-a« brüllt. Eselsbrücken dürfen nicht nur sehr komisch sein, sondern sollen sogar seltsam sein, eben merkwürdig.

Lamia	Schreckgespenst aus Griechenland
Goldmulle	Maulwurf in Afrika
Nerfling	Süßwasserfisch in Osteuropa
Sassafras	Öl aus Wurzeln
Dünnleib	Affe in Indien
Würfelturban	Schnecke im Mittelmeer
Labrum	Oberlippe von Insekten
Liwanze	Gebäck mit Pflaumenmus
Hakama	Hosenrock in Japan
Olifant	Signalhorn aus Elfenbein

Am besten machen Sie jetzt gemeinsam eine kleine Pause, essen einen Joghurt oder trinken eine Tasse Schokolade. Nach etwa zehn Minuten geben oder zeigen Sie dem Kind diese Wörterliste und es soll aus dem Gedächtnis alle Bedeutungen aufschreiben, an die es sich noch erinnert. Für jede komplett richtige Antwort gibt es zwei Punkte, da jeder Begriff aus zwei Teilen besteht. Weiß das Kind nur eines der beiden Elemente, gibt es eben einen Punkt dafür.

Olifant	
Lamia	
Würfelturban	
Sassafras	
Dünnleib	
Labrum	
Goldmulle	
Hakama	
Nerfling	
Liwanze	

Acht oder mehr Punkte sind bereits ein gutes Ergebnis, zwölf oder noch mehr sogar ein sehr gutes!

Zu diesen Lernvorlieben zählt auch das Lernen in Bildern. Dieses ist dann besonders wirkungsvoll, wenn die Begriffe der bildlichen Vorstellung in Beziehung zueinander stehen und etwas miteinander zu tun haben. Wenn diese Aufgabe dem Kind Spaß gemacht hat, könnten Sie bei Gelegenheit diesen Effekt mit einer »Lernkette«[7] (s. Seite 87 oben) verstärken.

Zu der Kette von Begriffen könnten Sie folgende harmlos komische »Geschichte« langsam Satz für Satz erzählen:

Beginnen wir mit der *Flasche*. Stelle dir vor, wie in deiner *Grammatik* eine Flasche liegt. An deinem *Geburtstag* bekommst du eine Grammatik geschenkt. Deinen Geburtstag kannst du schon *übermorgen* feiern. Da kommt auch deine *Großmutter* zu Besuch. Sie kommt, um mit dir *Mathematik* zu büffeln. Das Mathe-Buch hängt aber oben an der *Neonröhre*. Du siehst neben der

Neonröhre an der Decke ein Gemälde, das zeigt, wie *Karl der Große* stirnrunzelnd dasitzt und sein *Gedächtnis* trainiert.
Er schaut nämlich angestrengt auf eine Nummerntafel mit der Ziffer *223345*. Diese Nummer musst du jetzt in ein *Kreuzworträtsel* eintragen, das als *Poster* an der Wand hängt. Du nimmst das Poster und läufst damit über einen *Lernweg*. (Kannst du dir das vorstellen?) Auf diesem Lernweg kannst du alles Mögliche *hören*, zum Beispiel das Rasseln einer *Kette*. An dieser Kette wird eine *Flasche* hergezogen – und diese Flasche liegt in der *Grammatik* …
Nun beschäftigen Sie sich fünf Minuten lang mit etwas anderem. Danach zählt oder schreibt das Kind alle Begriffe auf, die es anhand der Geschichte noch zusammenbekommt.
Hat es mehr als zehn Treffer, wäre es lohnend, gemeinsam zu überlegen, bei welchem anderen Lernstoff es diese positive Lernerfahrung anwenden könnte. In welchen Lernbereichen geht es um Stichwörter, die sich in eine »Geschichte mit Kettenreaktion« verpacken lassen?

- ❑ **Ich würde als Nächstes gern mehr über kreatives Lernen erfahren.**
  Seite 88
- ❑ **Jetzt vergleiche ich mal die Ergebnisse von allen vier Farben.**
  Seite 23, 45, 58, 88
- ❑ **Bei dieser Übung hat mein Kind sehr gern mitgemacht.**
  Seite 88
- ❑ **Bei dieser Station hat mein Kind gestreikt.**
  Seite 94

»Gelbe« Lernideen

Bei dieser Übung habe ich ______ Punkte erzielt.

Wenn du weniger als acht Punkte erreicht hast, gehört das fantasievolle Lernen nicht zu deinen besonderen Lernvorlieben. Trotzdem ist es nicht schlecht, wenn du dich in der Schule auch auf diese Art des Lernens einstellen kannst.
Du musst manchmal etwas ausprobieren, was dir auf den ersten Blick ziemlich komisch vorkommt. Wenn du zum Beispiel bei einem Diktat noch einmal überprüfen willst, ob du alles richtig geschrieben hast, liest du es Wort für Wort von hinten durch. Wahrscheinlich fällt dir dann ein Fehler eher auf, als wenn du den Text in der richtigen Reihenfolge liest.
Vielleicht hilft dir eine der »gelben« Lernideen, deine Fantasie zu beflügeln und manche Lernsituation besser zu meistern. Du findest hier hoffentlich eine Idee, die dir einigermaßen gefällt. Diese kannst du ankreuzen oder am besten gelb anmalen und in den nächsten Tagen einmal ausprobieren.
Hast du mehr als acht oder sogar zwölf Punkte erzielt, dann gehst du wahrscheinlich gern locker und fröhlich an neue Aufgaben heran, probierst gern Neues aus, auch wenn es manchmal etwas merkwürdig erscheint. Da ist es sehr sinnvoll, wenn du diese Begabung gezielt nutzt und weitere gute Lernerfahrungen im »gelben Bereich« sammelst. In den folgenden Lernideen findest du sicher einige, mit denen du fantasievolles und kreatives Lernen ausbauen kannst. Suche dir die drei besten aus und markiere sie mit einem gelben Stift:

- Bei vielem, um das wir verkrampft kämpfen, erreichen wir oft genau das Gegenteil. Wenn ich etwas zu wiederholen habe, notiere oder markiere ich deshalb ein paar wichtige Stichwörter, um diese ausdrücklich nicht behalten zu wollen. Und siehe da – das Gegenteil passiert.
- Ich gehe beim Lernen auf und ab. Dabei erkläre ich mir eine komplizierte Aufgabe halblaut selbst. (Ein großer Philosoph nannte das »Die Verfertigung der Gedanken beim Reden«.)
- Hin und wieder lese oder schreibe ich an einem Stehpult. Die »goldene Regel« für einen festen Arbeitsplatz heißt zwar: »Gelernt wird nur am Arbeitsplatz – am Arbeitsplatz wird nur gelernt!« Aber selbst bei goldenen Regeln gilt: Keine Regel ohne Ausnahme!
- Statt mit Stift und Papier oder mit dem Computer arbeite ich manchmal mit Tafel und Kreide. Das ist vor allem bei Mathe-Aufgaben sinnvoll, wenn ich für die Lösung mehrere Anläufe brauche. Da ist die Methode »Wisch und weg!« oft weniger nervig. Übrigens war das die Lieblingsmethode von Albert Einstein.
- Ich lerne mit Intervalltraining, das heißt, ich variiere die Reihenfolge des Lernstoffs und kontrolliere das Gelernte nicht sofort. Zum Beispiel kontrolliere ich Vokabeln nicht gleich nach dem Lernen, sondern erst ein oder zwei Stunden später.
- Ich fertige meine Notizen wie eine Lernlandkarte als Mindmap an. Das sieht dann so ähnlich aus wie das Beispiel zum Aufbau dieses Buches vorn auf Seite 12.
- Ich bemühe mich um eine gute Aussprache im Unterricht. Das bringt mir Pluspunkte im Mündlichen. Das laute und deutliche Sprechen trainiere ich nach einer »verrückten« Idee, die von einem berühmten Redner im alten Griechenland überliefert ist: Für mich allein und heimlich lese ich einen Text laut und kräftig vor und habe dabei einen Weinkorken zwischen den Zähnen.

- ❑ **Ich habe bei der Aufgabe mit den Eselsbrücken ein gutes oder sogar sehr gutes Ergebnis erzielt.**
  Seite 96
- ❑ **Die eine oder andere »gelbe Lernidee« will ich mal ausprobieren.**
  Seite 96
- ❑ **Das war eine Nonsensübung, die mir keinen Spaß gemacht hat.**
  Seite 98
- ❑ **Jetzt vergleiche ich mal die Ergebnisse von allen vier Farben.**
  Seite 23, 45, 58, 88

Brainstorming oder Ideenpool

»Mama, ich mag heute nicht zu Jürgen gehen!« – »Jetzt sag bloß, ihr habt euch schon wieder in der Wolle!?«

In unseren Kommentaren und Antworten neigen wir oft dazu, Bewertungen auszusprechen – und obendrein noch viel zu früh.

Stressfrei lernen können bedeutet, dass sich Gedanken und Ideen in Ruhe entwickeln können. Das heißt, dass das Kind auch eine scheinbar verrückte Idee ohne Angst, dafür ausgelacht zu werden, aussprechen kann. Das ist im Alltag gar nicht so einfach. Da hilft nichts anderes als trainieren.

Machen Sie mit Ihren Kindern doch einmal eine kleine Übung, die in Arbeitssitzungen von Führungskräften als Brainstorming (Ideenfindungstechnik) bekannt ist:

Was sollen wir am nächsten Wochenende gemeinsam unternehmen?

Sammeln Sie zu diesem Thema fünf bis zehn Minuten lang Ideen. Wichtigste Regel: Es darf niemand einen Kommentar oder eine Bewertung abgeben – und seien die Ideen noch so ausgefallen und »verrückt«.

Sie werden bei dieser Übung spüren, wie schwer es ist, Bewertungen zurückzustellen. In besonders vertrauter Umgebung, wie in der Familie, geben wir gern überall unseren »Senf« dazu.

Wenn Sie nach zehn bis fünfzehn Minuten eine Auswahl treffen, die gesammelten Ideen bewerten, werden Sie oft feststellen, dass eine »verrückte« Idee der Auslöser war für eine sehr vernünftige.

Eine Variante dazu ist der Ideenpool. Was Sie dazu benötigen, sind ein Thema, an dem wirklich alle in der Familie interessiert sind, ein paar Stifte und Papier.

Das Thema könnte lauten: *Wie können Hausaufgaben mehr Spaß machen?*
Wird die Frage angenommen, beginnen alle mit der Ideensammlung – zunächst jeder für sich: Auf einem Zettel notiert jeder, was ihm spontan einfällt. (Wenn es alle als anregend empfinden, untermalen Sie diese Übung mit Musik.)
Sobald jemand keine Idee mehr hat, legt er seinen Zettel im Ideenpool ab, das heißt einfach in eine Kiste oder auf einen Teller. Liegen nun zwei oder drei Zettel im Ideenpool, nimmt sich ein anderer aus der Runde einen Zettel aus dem Pool, liest die darauf notierten Ideen und ergänzt das Blatt mit eigenen neuen Ideen, die ihm vielleicht jetzt beim Lesen dazu einfallen.
Nach zehn bis fünfzehn Minuten kommt der nächste Schritt: das Ordnen und Vorsortieren. Bis dahin lief alles stillschweigend ab. Jetzt tauschen alle ihre Eindrücke aus. Die Vorschläge, die allen am besten gefallen, werden festgehalten. Warum sollte nicht einmal auf diese Weise eine tolle Lernidee auf den Tisch kommen?

Lernerfolge sind auch Glückssache

Hat Ihr Kind beim Suchen mehr Glück als Sie? Oder haben Sie die bessere Methode?
Ohne jetzt schon die folgende Zahlenscheibe anzuschauen, können Sie ja mal mit der ganzen Familie ein kleines Wettspiel machen. Sie haben eine Minute Zeit, in der Sie die Zahlen der Reihe nach finden müssen. Sie beginnen mit 1 und zählen so weit, wie Sie in einer Minute kommen. Natürlich darf niemand einfach eine Zahl auslassen. Alles klar?
Dann stellen Sie bitte einen Wecker und setzen sich alle so um das Buch herum, dass niemand benachteiligt ist.

Wie weit sind Sie gekommen? An welcher Zahl sind Sie hängen geblieben? Hat der Zeitdruck Sie wild hin und her, einfach drauflos suchen lassen? Oder war gerade der Zeitdruck das Reizvolle an dieser Aufgabe? Haben Sie ausgerechnet eine große Zahl längere Zeit nicht entdeckt?
Beim Lernen sind oft genug reine Zufallstreffer im Spiel. Deshalb können solche Spiele den Spaß am Lernen fördern. Wenn ich öfter Gelegenheit habe, eine Lösung einfach zu finden, bin ich eher bereit mitzumachen. Wenn wir uns in unserer Umgebung umschauen, halten wir manches für Tüchtigkeit und Können, wofür wir richtiger einfach sagen müssten: Glück gehabt! Und das ist ja beileibe nichts Unanständiges ...

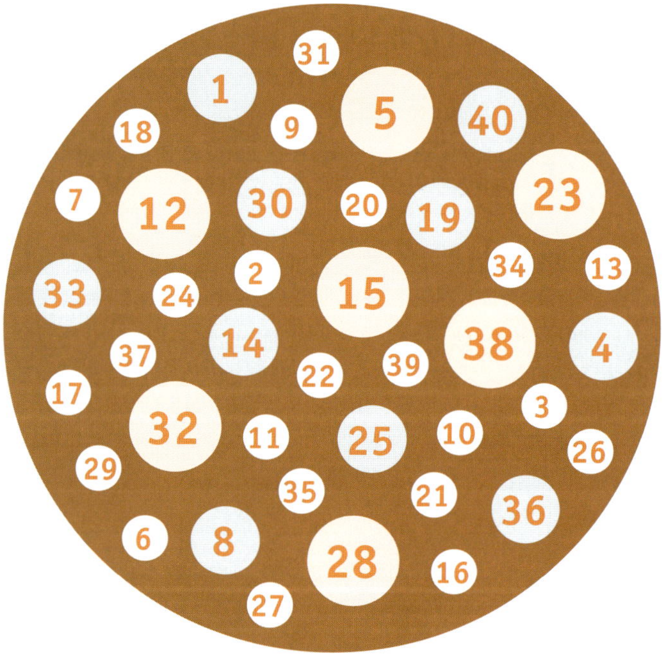

Mut zur Lücke

Wer sich von einer Informationsfülle erdrückt fühlt, wer zu viele Details für wichtig hält, wer alle Einzelheiten festhalten möchte, gerät in Gefahr, sich darin zu verlieren.

16	3	2	13
5	10	11	8
9	6	7	12
4	15	14	1

Wie viele Kombinationsmöglichkeiten entdecken Sie, jeweils vier aneinander liegende Zahlenfelder so zu gruppieren, dass die Summe 34 ergibt?
Versuchen Sie es auch mit einzelnen Ecken.
Wenn Sie jetzt vor der Aufgabe stünden, die Anordnung der Zahlen auswendig zu lernen, wie würden Sie am besten vorgehen? Müssten Sie sich alle 16 Zahlen einprägen?
Um das herauszufinden, benötigen Sie möglicherweise mehr Zeit als für das Auswendiglernen aller Ziffern. Genau so arbeiten wir aber oft, wenn wir unter Zeitdruck stehen oder uns eine Sache nicht schnell genug geht.
Nach diesem Prinzip lernen auch viele Kinder. Aus Angst, nicht gut vorbereitet zu sein, lernen sie, vor einer Klassenarbeit zum Beispiel, lieber etwas zu viel. In der Arbeit verlieren sie sich dann im Detail, weil sie den Blick für das Wesentliche verloren haben. Sie möchten ihr ganzes Wissen loswerden und verzetteln sich.
Mut zur Lücke wäre in einem solchen Fall das richtige Training. Wer behalten will, muss loslassen können. Das gilt ja nicht nur für Lernstoff ...

Wenn Sie in dem magischen Quadrat entdeckt haben oder Ihnen gezeigt wird, dass nicht nur die Zahlenreihen und -spalten und die Diagonalen zum selben Ergebnis führen (34), sondern auch die meisten Viererblocks, die ein kleines Quadrat bilden, dann würde es Ihnen genügen, wenn Sie sich zum Beispiel nur diese Zahlenkombination einprägen würden:

16			13
9	6	7	
4			1

Finden Sie noch andere Lösungsvorschläge?

Optimale Distanz als Lernhilfe

Manchmal ist es leichter, sich etwas anzueignen oder nahe zu bringen, wenn die nötige Distanz im Spiel ist. So wie ein Maler an der Staffelei auch nicht die ganze Zeit mit der Nase dicht am Bild klebt, sondern von Zeit zu Zeit ein paar Schritte zurückgeht, um sein Werk aus angemessener Distanz zu begutachten. Dabei stellt er am ehesten fest, an welchen Stellen er noch etwas nacharbeiten muss.

Auch beim Lernen spielen die nötige Distanz und die richtigen Intervalle eine besonders wichtige Rolle. So sollte, zum Beispiel beim Vokabellernen, eine Wiederholung nicht zu früh einsetzen. Wer sich ein Wort fünfmal hintereinander aufsagt, kann selten den erhofften Lernerfolg verbuchen. Wiederholungen ohne ausreichende Intervalle (zeitliche Distanz) verdrängen den Lernstoff eher, als dass sie ihn festigen. Ähnlich verhält es sich, wenn der Abstand zwischen erstem Lerndurchgang und erster Wiederholung zu weit gesteckt wird.

Stellen Sie sich vor, Sie müssten die folgenden ungewöhnlichen »Vokabeln« (Fremdwörter) lernen:

Tachygraphie	–	eine Art Kurzschrift im Altertum
Thelismus	–	Lehre vom Willen, Eigenwillen
Stipulation	–	mündlich geschlossener Vertrag
Homodontie	–	Gleichgestaltigkeit der Zähne
Independenz	–	Unabhängigkeit

Versuchen Sie bitte, sich genau an das vorgeschlagene Schema der Lernfolge zu halten. Testen Sie, ob und wie diese Methode bei Ihnen wirkt.

Am besten nehmen Sie zwei Papierstreifen. Mit dem einen decken Sie die Formulierungen in der linken Spalte ab, sobald Sie sie gelesen haben. Also, Zeile für Zeile von oben nach unten abdecken.

Mit dem zweiten Streifen decken Sie die rechte Spalte ab und schauen erst zur Kontrolle nach, nachdem Sie sich die jeweilige Antwort gegeben haben.

Bitte beachten Sie in der linken Spalte auch den 8-Sekunden-Takt: 4 Sekunden Lesen – 4 Sekunden Pause.

Tachygraphie –
eine Art Kurzschrift im Altertum

4 Sekunden Pause

Tachygraphie?	=	eine Art Kurzschrift im Altertum

Thelismus –
Lehre vom Willen, Eigenwillen

4 Sekunden Pause

Tachygraphie?	=	eine Art Kurzschrift im Altertum
Thelismus?	=	Lehre vom Willen, Eigenwillen

Stipulation –
mündlich geschlossener Vertrag

4 Sekunden Pause

Stipulation?	=	mündlich geschlossener Vertrag
Tachygraphie?	=	eine Art Kurzschrift im Altertum
Thelismus?	=	Lehre vom Willen, Eigenwillen
Stipulation?	=	mündlich geschlossener Vertrag

Homodontie –
Gleichgestaltigkeit der Zähne

4 Sekunden Pause

Homodontie?	=	Gleichgestaltigkeit der Zähne
Stipulation?	=	mündlich geschlossener Vertrag

Homodontie?	=	Gleichgestaltigkeit der Zähne
Tachygraphie?	=	eine Art Kurzschrift im Altertum
Stipulation?	=	mündlich geschlossener Vertrag
Thelismus?	=	Lehre vom Willen, Eigenwillen

Independenz – Unabhängigkeit

4 Sekunden Pause

Independenz?	=	Unabhängigkeit
Homodontie?	=	Gleichgestaltigkeit der Zähne
Independenz?	=	Unabhängigkeit
Tachygraphie?	=	eine Art Kurzschrift im Altertum
Stipulation?	=	mündlich geschlossener Vertrag
Thelismus?	=	Lehre vom Willen, Eigenwillen
Homodontie?	=	Gleichgestaltigkeit der Zähne
Independenz?	=	Unabhängigkeit

Wenn Sie das Gefühl haben, dass das Behalten mit dieser Intervalltechnik gut gelingt, wäre es wohl einige Versuche wert, die nächsten Vokabeln in Fünferblöcke zu portionieren und in diesem Rhythmus zu lernen.
Hierbei könnten Sie auch so vorgehen, dass Sie Ihr Kind durch Zuhören lernen lassen. Sie nennen ihm die Vokabeln in der Lernfolge, wie die Wörter in der linken Spalte aufgelistet sind. Was in der rechten Spalte steht, versucht Ihr Kind jeweils auswendig als Antwort zu geben.

Nun ist der Lernstoff hervorragend im Kurzzeitgedächtnis gespeichert. Damit er aber auch im Langzeitgedächtnis verankert wird, kommt niemand ohne Wiederholung aus.
Der beste Zeitpunkt für die erste Wiederholung liegt am Ende der Zeitspanne des Kurzzeitgedächtnisses (ca. 20 Minuten nach dem ersten Lerndurchgang).
Die zweite Wiederholung sollte am nächsten Tag stattfinden (ca. 24 Stunden nach dem ersten Lerndurchgang).

Wer die dritte Wiederholung ungefähr nach einer Woche und die vierte Wiederholung nach einem Monat vornimmt, wird den gelernten Stoff nicht mehr so schnell vergessen.

- ❑ **»Mut zur Lücke« heißt auch Bewertungen zurückstellen.**
  Seite 91
- ❑ **Welche guten Lernspiele fördern diese Fähigkeit?**
  Seite 89
- ❑ **Jetzt könnte ich erst einmal eine Pause vertragen.**
- ❑ **»Vertrauen ist gut, Kontrolle ist besser ...«**
  Seite 94

Der beste Lernweg heißt Sicherheit

Ma-len mit oder ohne h?
Ein Kind, das in der Grundschule gerade erst den mit Pinsel und Farbe malenden Maler kennen lernt, sollte nicht gleich parallel dazu dem Mehl mahlenden Müller begegnen. Begriffe, die von der Bedeutung oder Schreibweise her Verwechslungsgefahren mit sich bringen, sollten möglichst nicht unmittelbar hintereinander gelernt werden. Das Einzige, was dabei nämlich gelernt würde, wäre das Alarmsignal: »Hoppla, hier muss ich höllisch aufpassen!«
In einem Diktat beispielsweise sorgen solche Alarmsignale sehr oft dafür, dass das Kind so lange hin und her überlegt, bis es »treffsicher« die falsche Version hinschreibt.
Um bei dem schlichten Beispiel zu bleiben: Es wäre sinnvoll, das Wortfeld »malen« zu behandeln und zu üben, ohne den Müller mit seinem Mehl ins Spiel zu bringen. Erst wenn das Kind gelernt hat und ganz sicher ist, dass man »malen« ohne h schreibt (auch wenn eine solche Formulierung unvollkommen und als Regel falsch ist), ist es für »mahlen« reif genug. Fast jede Ausnahme ist leichter zu verstehen und zu verdauen, wenn ich erst einmal mit der einfachen Grundregel richtig vertraut bin.
Ähnlichkeiten stören und erschweren fast jeden Lernprozess. Sie verwirren und verunsichern. Spätestens im Stress der nächsten Klassenarbeit wirken sie sich als Ähnlichkeitshemmung aus. Daher gilt als Grundregel:
Ähnlichen Lernstoff möglichst nicht zur gleichen Zeit!
Ob bei Rechtschreibübungen oder beim Vokabellernen, das Gefühl der Sicherheit beruhigt. Ein Lernweg, der langsam, aber sicher zum Erfolg führt.
Wer das Gefühl der Sicherheit entwickeln will, sollte beim Abfragen nicht hin und her springen. Genauso wenig hilfreich ist es, nach einer zögerlichen, aber richtigen Antwort des Kindes mit der Frage nachzufassen: »Na, bist du ganz sicher!?« Wer in einer frühen Lernphase verunsichert, hilft nicht beim Lernen, sondern stiftet Verwirrung.

Sinn-voll lernen

Der beste Lernweg ist immer noch der, bei dem möglichst viele Sinne beteiligt sind. Das beginnt bereits mit der Verpackung des Stoffes. Eine reicher ausgeschmückte Aussage bleibt lebhafter in Erinnerung als eine trocken-nüchterne.
»Der Hund zieht an der Leine« ist ein Satz, den man sich leicht merken kann.
»Der kläffende Hund zerrt so an der Leine, dass er sich fast den Hals zuschnürt« dürfte aber eine kräftigere Spur im Gedächtnis hinterlassen.
Ähnlich verhält es sich manches Mal mit der Lösung von schwierigen Problemen oder Aufgaben. Hierbei bleiben Lösungswege besser haften als bei sehr leichten oder beiläufig gefundenen Lösungen. Darum dürfen Eltern durchaus froh darüber sein, wenn dem Kind nicht alle Lösungen einfach so zufliegen.
Wer sich niemals etwas mühsam erarbeitet hat, kann auch das Lernen nicht richtig lernen. Seinen besten Lernweg kann nur finden, wer auch Umwege oder holprige Wege kennen gelernt hat. Der beste Lernweg steht immer im Vergleich zum weniger geeigneten.
Jedes Kind, jeder Mensch lernt anders. Dennoch gibt es anhand von Durchschnittswerten eine Groborientierung, die seit vielen Jahren durch die Lernlandschaft geistert. Aber vielleicht finden Sie diese Behauptungen auch bei Ihrem Kind bestätigt.
Von dem Lernstoff, mit dem ich mich *einmal* konzentriert befasst und den ich begriffen habe, behalte ich unterschiedlich viel länger als 24 Stunden (s. rechte Spalte).
So gesehen muss was dran sein an der alten Volksweisheit: Probieren geht über Studieren …
Den nächsten Anschluss finden Sie auf Seite 110.

Ich behalte:

Meine besten Lernmethoden

Ein paar Lerntipps zur Einstimmung

Vor einiger Zeit war ich in einem Konzertsaal und habe das Streichorchester beobachtet. Das war vielleicht ein Quietschen, Klingeln, Bimmeln, Piepsen und Scheppern, dass es mir durch Mark und Mine ging. Da kam der Dirigent, klopfte mit dem Taktstock kurz ans Notenpult und schlagartig wurde es mucksmäuschenstill. Er hob die Arme – ein spannender Augenblick. Sogar die Leute im Saal schienen den Atem anzuhalten. So sehr, dass einige sogar husten mussten.
An diesem Abend ist mir so richtig aufgefallen, dass ich mich eigentlich auf jede Arbeit einstimmen muss. Ich kann nicht einfach wild drauflosschaffen. Ein Instrument muss erst gestimmt werden, bevor man darauf spielt.
Beim Lernen ist das nicht viel anders. Ich habe mir mal aufgeschrieben, wie ich am besten anfange, wie ich mich in Lernstimmung bringe. Am liebsten ziehe ich diese sechs Saiten auf:

E – A – d – g – h – e'

Wenn du Gitarre spielst, weißt du, was ich meine. Das ist nämlich die Stimmung der Draht- oder Darmsaiten einer Gitarre.

E = Entspannungsübung
Ich höre vier bis fünf Minuten Musik, atme ein paar Mal tief ein und aus oder mache einige frei erfundene Lockerungs- und Entspannungsübungen wie Hüpfen, Tanzen, Rumpf- oder Kniebeugen.

A = Aufräumen
Ich räume meinen Arbeitsplatz auf und lege alles, was mich von der Arbeit ablenken könnte, beiseite.

d = denke positiv

Ich sage mir so Sätze wie: »Ich gehe gern an meine Aufgaben« oder »Ich schaffe es – ich komme ganz alleine klar« oder »Heute komme ich zügig voran«. Ich staune immer wieder, wie gut ich mich dadurch selber überzeugen kann.

g = gern gelernt

Ich erinnere mich, wo und wann mir das Lernen richtig Spaß gemacht hat. Ich denke dann ganz fest an dieses angenehme Erlebnis. Oder ich betrachte eine Weile ein schönes Bild, aus dem ich so etwas wie Energie tanken kann.

h = halbe Portionen

Ich lege mir einen Plan zurecht, in welcher Reihenfolge ich die Aufgaben erledigen will. Vor allem teile ich alles in kleine Portionen ein und entscheide mich, mit welcher »halben Portion« ich anfangen will.

e' = erfrischt

Ich lasse mir Zeit und rechne nicht gleich im ersten Augenblick mit einem Superergebnis. Ich weiß, dass es ganz normal ist, wenn ich zwischendurch immer mal das Gefühl habe, es geht anscheinend nicht mehr weiter. Da hilft mir oft eine kleines Päuschen, das erfrischt – und schon läuft es wieder besser.

Freut euch des Lesens

Das Lesen gehört zu den wichtigsten Lerntechniken, weil ich in allen Fächern Texte zu lesen habe. Damit ich den Sinn besser verstehe und von dem Gelesenen möglichst viel behalte, wende ich gern die

Ü-Fra-Le-Wie-Methode

an. Und die geht so:

Ü – Überfliegen – Überblick

Ich blättere den Text durch und verschaffe mir einen ersten Überblick. Ich lese nicht Zeile für Zeile, sondern Überschriften, Fettgedrucktes, Bildunterschriften oder kürzere Zusammenfassungen. Jetzt habe ich ungefähr eine Ahnung, was drinsteht.

Fra – Fragen frank und frei

Ich sammle Fragen, die mir beim Überfliegen in den Sinn gekommen sind: Was kommt mir bekannt vor? Was habe ich auf Anhieb kapiert? Was erscheint mir neu, vielleicht auch unverständlich? Bin ich schon über Wörter gestolpert, die ich klären oder nachschlagen muss? Was passiert in diesem Text? Wie fängt er an, wie hört er auf? Sehe ich die Verbindung zum Titel und zu den Überschriften?
Was könnte ich sonst noch fragen?

Le – Lesen – laut und leise

Jetzt erst lese ich konzentriert Zeile für Zeile, Absatz für Absatz. An schwierigen Textstellen mache ich besonders langsam, unterstreiche das Wichtigste (natürlich nur, wenn es mein eigenes Buch ist) und mache nach jedem Abschnitt ein kurzes Päuschen, um *nachzudenken*, was ich soeben gelesen habe. Wenn ich den Text für besonders wichtig halte, schreibe ich mir das Wichtigste in Stichwörtern auf einen Zettel.

Wie – wie Wiederholen

Zum Schluss schaue ich mir nochmals das Unterstrichene an oder ich vergleiche meine Stichwörter mit dem Text. Bei dieser Wiederholung stelle ich meistens fest, dass ich auch die Stellen begriffen habe, über die ich beim ersten Überfliegen gestolpert war.

Wenn dir die Ü-Fra-Le-Wie-Methode noch zu kompliziert erscheint, kannst du vielleicht mit einem meiner nächsten Lesetipps etwas mehr anfangen.

Die Memo-Idee

Wenn ich mich an etwas erinnern soll, was ich irgendwo gelesen habe, und es fällt mir einfach nicht mehr ein, dann denke ich scharf nach, wo ich das gelesen habe. Diese Stelle führe ich mir noch einmal genau vor Augen – und siehe da, ich finde das gesuchte Wort im Nu. So kam ich auf die Memo-Idee. Wenn ich etwas gelesen habe, schreibe ich einige Stichwörter einzeln auf Zettel oder Kärtchen und verteile diese in meinem Zimmer. Hierbei merke ich mir ganz genau, welches Wort ich wohin lege. Außerdem präge ich mir die Reihenfolge ein.

Willst du das auch mal testen? Dann lies dir die folgende kurze Geschichte durch. Wenn du den Ablauf anschließend möglichst genau auswendig erzählen müsstest, könnten dir die Memo-Blätter dabei helfen.

Schreibe aus jedem Abschnitt der Geschichte ein Stichwort auf ein eigenes Zettelchen. Lies die Stichwort-Zettel dann nochmals durch und erinnere dich, was in dem betreffenden Abschnitt erzählt wird.

Nun verteilst du die Zettel in der richtigen Reihenfolge und merkst dir dabei ganz genau, welches Stichwort du an welche Stelle legst.

Der Blumenschmuck-Wettbewerb

Das Hochhaus beteiligte sich an einem Blumenschmuck-Wettbewerb. In jedem Stock stand ein anderer Blumenstock auf dem Balkon, nur im fünften stand gar keiner.

Da den Preisrichtern die seltenen Pflanzen unbekannt waren, nannten sie den Blumenstock im ersten Stock *ersten Stock*, den im zweiten Stock *zweiten Stock*, den im dritten Stock *dritten Stock*, den im vierten Stock *vierten Stock*, den im fünften …

Aber da stand ja gar keiner, und nun wussten sie nicht, ob sie den im sechsten Stock *sechsten Stock* oder *fünften Stock* nennen sollten und den im siebten Stock *siebten Stock* oder *sechsten Stock* und dem im achten Stock *achten Stock* oder *siebten Stock*.

Der schönste, fanden sie jedenfalls, war der im sechsten Stock.

Am nächsten Morgen klingelte es im fünften Stock und der Geldbriefträger überbrachte einen Preis von EUR 500,–.

Hast du auch etwas gewonnen? Haben die Memo-Blätter dir etwas gebracht?

Mein Memory-Quartett: Wenn Vögel mit dem Schwanze zwitschern

Beim Memory-Spielen habe ich meistens gute Karten. Deshalb spiele ich auch so gerne Memory-Quartett. Und das geht so:

Nimm mal an, du müsstest die folgende Geschichte so gut durchlesen, dass du sie hinterher frei erzählen kannst. Dann machst du dir von der Seite 100 eine Fotokopie, klebst die Texte A1 bis D4 auf einen farbigen Karton und schneidest dir dann 16 gleich große Kärtchen zurecht. Diese verteilst du, wie beim Memory, mit der Schrift nach unten auf deinem Schreibtisch.

Nun deckst du das erste Kärtchen auf, liest genau durch, was darauf steht. Dann deckst du das zweite Kärtchen auf und schaust, ob es den gleichen Kennbuchstaben hat (A, B, C, D). Ist das der Fall, liest du auch dieses Kärtchen durch und darfst danach die dritte Karte aufdecken. Hat diese nun einen anderen Kennbuchstaben, musst du alle drei Karten wieder umdrehen.

Jetzt kommt deine Spielpartnerin oder dein Spielpartner an die Reihe, oder wenn du allein spielst, fängst du mit einer anderen Karte das Spiel von vorn an. Wer in einem Durchgang vier zusammengehörende Kärtchen aufdeckt, darf das Quartett am Ende an sich nehmen.

So ein selbst gemachtes Lese-Memory-Quartett hat natürlich nur dann etwas mit Lesen zu tun, wenn du den Inhalt auch wirklich liest und dich nicht nur an den Kennbuchstaben orientierst.

A1 Das Musizieren mithilfe eines selbst hervorgebrachten Luftstromes nennen wir bei Vögeln wie bei uns Menschen »singen«.

B1 Die typische »Vogelstimme« der Spechte ist das Trommeln.

A4 Dabei werden Körperteile aufeinander geschlagen oder aneinander gerieben. So entstehen Schwingungen, die singende Geräusche erzeugen.

C1 Geräusche erzeugende Bewegungen, die aus dem Gehen oder Fliegen entstanden sind:

C2 Der Truthahn fährt mit seinem Fuß über die Federkiele des gespreizten Flügels wie über die Saiten einer Harfe.

D3 Tatsächlich zwitschern die Paradieswitwen aber nicht mithilfe von Luftstrom und Kehlkopf wie andere Vögel, sondern mit dem Schwanz.

B3 Beim Schwarzspecht wurden pro Wirbel 34 bis 44 Schläge in etwa 2,2 Sekunden gezählt.

D1 Der weitaus komplizierteste Geräuschapparat, den wir bis heute kennen, wurde bei der Paradieswitwe entdeckt.

C4 Tauben klatschen mit den Flügeln, fliegende Enten klingeln und pfeifen.

D2 Sie ist nämlich so gesangsähnlich, dass lange Zeit niemand auf die Idee kam, es könnte sich um etwas anderes handeln als um einen ganz normalen Gesang.

A2 Es ist interessant, dass auch Vögel andere Instrumente als ihren Kehlkopf zur Lauterzeugung benutzen.

D4 Ihr Musikinstrument sind die beiden mittleren sägeartigen Schwanzfedernpaare, die sich aneinander reihen. Das erzeugt den zwitschernden Klang.

B4 Die Wirbel unterscheiden sich je nach der einzelnen Spechtart nach Dauer, Rhythmus und Klangfarbe, denn jeder Specht sucht sich seine eigene »Trommel« aus.

C3 Der erregte Kiwi trampelt mit seinen Füßen wie ein erschrockenes Kaninchen oder ein schlecht erzogenes Kind.

A3 Wir sprechen dann von Instrumentallauten und Instrumentalgesängen.

B2 Durch einen rasenden Trommelwirbel versetzen die Spechte ein dürres Astende in Schwingungen.

Na, hör mal!

Hast du schon mal was von Benjamin Blümchen gehört? Was hältst du davon, selber mal als Kassetten-Kommissar aufzutreten? Zum Beispiel einige Geräusche aufzunehmen, die andere hinterher erraten sollen. Oder kannst du deine Stimme so verstellen, dass deine Eltern, Geschwister oder Freunde dich beim Abhören der Kassette nicht wieder erkennen?

Oder wie wär's, mal einen Brief für die Ohren zu produzieren? Vielleicht als Geburtstagsüberraschung? Oder ein flott gemachtes Hörspiel für einen lieben Menschen, der im Krankenhaus liegt?

Ein flottes Hörspiel muss natürlich auch eine gute Geräuschkulisse haben. Teste mal, wie gut du als Toningenieur zurechtkommst. Oft kannst du schon mit sehr einfachen Mitteln tolle Effekte erzielen:

Feuer: ein Stück Zellophan nahe am Mikrofon zerknüllen.

Meeresbrandung: kräftig mit zwei Bürsten über ein Kuchenblech (saubere Seite) streichen.

Wind: nahe am Mikrofon mit der Hand kreisförmig über ein Kleidungsstück reiben.

Telefonstimme: mit zugehaltener Nase in einen Papp- oder Joghurtbecher sprechen.

So könntest du dir auch ein eigenes Hörspiel produzieren oder ein Lernprogramm zusammenstellen und pfiffig untermalen.

Vo-Kabel-Kassette

Wenn dir ein Hörspiel zu viel Aufwand ist, dann teste deinen Kassettenrekorder mal als Vokabeltrainer.

Du nimmst deine Vokabelliste und sprichst die Wörter im 8-Sekunden-Takt auf Band. Das heißt, 4 Sekunden sprechen – 4 Sekunden Pause – 4 Sekunden sprechen – 4 Sekunden Pause …

Wenn dir die Methode besonders viel bringen soll, sprichst du die Wörter am besten in der Reihenfolge, wie sie auf den Seiten 92/93 beschrieben ist.

Damit du den richtigen Rhythmus im Zeittakt findest, lässt du dir besser von jemandem helfen, der alle vier Sekunden leicht auf den Tisch klopft oder sonst ein Signal gibt.

Jedenfalls sind die kurzen Pausen wichtig, damit der Lernstoff sich setzen kann.

Wenn du die Vokabeln auf Band sprichst, darfst du ruhig ein bisschen übertreiben. Das eine Wort sprichst du ganz leise, das nächste wieder laut. Du wirst beim Abhören überrascht sein, wie so ein »Vokabel-Hörspiel« wirkt.

Bevor du dir die Aufnahme anhörst, setzt du dich bequem mit deinem Vokabelheft in einen Sessel. Du entspannst dich, fühlst dich wohl und freust dich, wie gut und leicht du die Vokabeln behalten wirst.
Nun lässt du das Band ablaufen und liest auf deinem Zettel mit, was du hörst. In den vier Sekunden Pause kannst du laut nachsprechen, was du gerade gehört hast.
Nach dem ersten Durchgang bleibst du ruhig sitzen, spulst das Band an den Anfang zurück und sagst dir dabei: »Das war prima« oder besser noch: »So ist Lernen klasse«. Wenn du dir nach einer Weile das Band zum zweiten Mal anhörst, schließt du dabei die Augen und lässt dich einfach »berieseln«.

Meine Sprechstundenhilfen

Dass ich dir bis jetzt schon so viel erzählen und erklären durfte, hat mir selbst am meisten gebracht. Ich bin nämlich dabei auf Ideen gekommen, ich habe Bilder und Vergleiche gefunden, die mir bestimmt nicht eingefallen wären, wenn ich nur still vor mich hin überlegt hätte. Manchmal funkt's erst, wenn du laut über etwas nachdenkst, dir immer wieder selber Fragen stellst, einem anderen etwas erklärst oder einfach mit ihm darüber redest.
Wenn du willst, kannst du das gleich selber testen. Ich erzähle dir jetzt eine Diktat-Idee und du suchst dir jemanden, dem du diese Spielregel erklären kannst.

Schnipsel-Diktate

1. Kleine Zettelchen zurechtschneiden.
2. Eine Geschichte in einzelne Satzteile zerlegen.
3. Diese Satzteile in kunterbunter Reihenfolge (durcheinander) diktieren.
4. Die beschrifteten Schnipsel ordnen.
5. Geschichte vorlesen.

Wenn mit mir jemand ein Diktat üben will, lasse ich den seither zuerst einmal eine verschnippelte Geschichte zusammensetzen.
Alles klar?
Hast du noch Lust, meine nächste Diktat-Idee zu erklären?

Würfel-Diktate

1. Klebepunkte (etwa so groß wie ein Ein-Cent-Stück) in drei verschiedenen Farben besorgen.
2. Sechs Klebepunkte einer bestimmten Farbe mit Silben beschriften wie auf-, ver-, ein-, aus-, be-, vor-.
3. Sechs Klebepunkte einer anderen Farbe mit Silben wie -nis, -heit, -keit, -ung, -schaft, -?
4. Auf die sechs Klebepunkte der dritten Farbe Buchstaben wie -pf, -ie-, -ah-, -tz-, -nd-, -ck-.

5. Drei alte Spielwürfel bekleben. Pro Würfel eine Farbe.
6. Wer diktieren will, muss würfeln.
7. Der Satz, den man diktieren will, muss Wörter mit den gewürfelten Silben oder Buchstaben enthalten.
8. Abwechselnd würfeln, diktieren und schreiben.
9. Das Fragezeichen ist ein Joker für ein beliebiges Wort.
10. Gewonnen hat, wer dem anderen die kürzesten Sätze diktiert hat.

Solche Partnerdiktate sind überhaupt ein guter Anlass, bestimmte Aufgaben mit einem anderen zusammen zu erledigen.
Das ist auch eine gute Vorbereitung für die mündliche Mitarbeit. Wenn du im Unterricht etwas gesagt hast, bleibt dir das viel besser im Gedächtnis haften. Wer sich lebhaft beteiligt, stärkt seine Aufnahmefähigkeit. Du übst dich außerdem darin, deine Gedanken zu ordnen und verständlich mitzuteilen. Du lernst frei zu sprechen und sammelst systematisch Material für deine Hausaufgaben und die nächste Klassenarbeit.
Hier noch ein Tipp am Rande: Schau die oder den an, der/dem du etwas erklärst. Wer anderen in die Augen schauen kann, strahlt Sicherheit aus.

Bilder bleiben besser hängen

In deinem Zimmer hängt doch bestimmt ein Poster oder ein schönes Bild an der Wand. Das könnte dir gute Dienste als Lernplakat tun: Du schreibst ein paar schwierige Wörter, Vokabeln oder Formeln auf ein Post-it und klebst das Zettelchen an eine interessante Stelle auf das Poster oder Bild. Fertig ist dein Lernplakat, das jetzt über deinem Arbeitsplatz, an deiner Zimmertür oder über deinem Bett hängt.
Jedenfalls wird die Umgebung, die Atmosphäre, in der du lernst, immer mitgelernt. Was dir gefällt, was du gern anschaust, bleibt normalerweise besser im Gedächtnis hängen.
Lernplakate sind aber nicht die einzige Möglichkeit, in Bildern zu lernen. Manchmal genügt ein Fantasiebild, ein Bild, das du im Kopf hast. Das sind sowieso die stärksten Bilder.
Wenn du etwas liest und danach kurz die Augen schließt: Siehst du dann wie in einem Film, was du gelesen hast? Oder du schaust dein Lernplakat eine Weile an und schließt dann die Augen: Hast du trotzdem alles noch vor Augen?

Mein persönliches Merk-Album

Dass ich ein bisschen eitel bin, das weißt du ja. Aber das ist nicht der ganze Grund, warum ich mich gern fotografieren lasse.
Jedenfalls habe ich mir ein Merkheft angelegt für dies und das, was ich lernen und behalten soll. In dieses Heft klebe ich besonders gerne Bilder ein. Als ich das letzte Mal in meiner Fotokiste kramte, habe ich eine Menge lustiger Aufnahmen von mir gefunden. Einige davon habe ich mitten zwischen meine Merksätze und Formeln geklebt. Seither blättere ich auch zwischendurch ganz gern in meinem Merk-Album. Dabei fällt mir auf, wie sehr ich mich im Lauf der Jahre doch verändert habe. Ich werde von Jahr zu Jahr immer kürzer. – Stellst du das bei dir auch fest?

Leg einmal ein Bild von früher und ein neueres von dir nebeneinander. Was fällt dir alles auf?
Übrigens, wenn dich die Bilder an schöne Zeiten erinnern, wirst du auch das leichter lernen und behalten, was du nebenhin geschrieben, geklebt oder gemalt hast.
Mit deinem persönlichen Merk-Album bist du jederzeit im Bilde.

Da habe ich noch eine Schnappschuss-Idee: Du lässt dich alle paar Wochen einmal beim Lernen fotografieren. Die Bilder klebst du dann in dein selbst gemachtes Merk-Album. Wenn du von Zeit zu Zeit darin blätterst, kannst du bestimmt beobachten, wie auch du dich veränderst.

Schau, wie du klarkommst

Manchmal können Bilder aber auch ablenken. Vor allem, wenn sie viele Einzelheiten enthalten. Deshalb mache ich gelegentlich gern ein Guck-Training.
Dazu habe ich mir in einen Plakatkarton ein rundes Loch geschnitten. Den Karton lege ich über ein Bild, dann betrachte ich den Bildausschnitt und entdecke dabei Einzelheiten, die ich bis dahin noch nicht wahrgenommen hatte.
Oder ich drehe aus einem Blatt Papier eine Art Fernrohr, durch das ich Bildausschnitte aus einiger Entfernung betrachte.
Dabei habe ich zufällig noch meine »Zauberhand« entdeckt. Willst du wissen, wie? Dann rolle ein Blatt Papier

zu einer Röhre und schaue mit dem linken Auge hindurch. Deine geöffnete rechte Hand hältst du direkt an die Papierröhre. Siehst du jetzt auch mitten in deiner rechten Handfläche ein Loch? So kann man sich täuschen!
Aber zurück zum Lernen in anderen Perspektiven. Ich habe sogar schon durch ein Fernglas gelernt. Ich stelle ein Buch in einiger Entfernung vor mir auf und lese und betrachte es durch ein Fernglas. Du wirst es kaum glauben, was ein anderer Blickwinkel alles zum Vorschein bringt.
Mal sehen, wie du die ganze Sache siehst ...

Schreib mal wieder

Bei dem Thema bin ich natürlich in meinem Element. Hoffentlich hast du auch schon erlebt, dass Schreiben nicht nur eine mühselige Angelegenheit ist. Schreiben kann Spaß machen.
Trotz Handy und SMS habe ich noch eine echte Brieffreundin. Sie heißt Kuli. Ich glaube, ich bin ein bisschen verknallt in sie. Wenn ich ihr schreibe, merke ich gar nicht, dass ich mich anstrenge. In null Komma nix sind seitenlange Briefe fertig.
Ich habe auch schon eine kleine Geschichte an die Zeitung geschickt. Das war vielleicht eine Überraschung, als ich meinen Aufsatz zwei Wochen später auf der Kinderseite abgedruckt fand. Die Redakteurin hat mir noch geschrieben, wie sehr sie sich über meine Geschichte gefreut habe. Ich solle das nur weitererzählen. Sie würde gerne auch von anderen Kindern Post bekommen. Die Adresse findest du auch in eurer Zeitung. Sie steht kleingedruckt unter »Impressum«.
Dieser erste Erfolg hat mich so angespornt, dass ich sogar anfing, ein Märchen zu schreiben.

Merkverse und Faustregeln

Und außerdem kann ich besonders gut behalten, was ich aufgeschrieben habe. Das trifft vor allem zu, wenn ich an meine Merkverse oder Faustregeln denke.
Wenn ich bestimmte Stichwörter behalten muss, mache ich mir gern aus den Anfangsbuchstaben dieser Stichwörter einen Merksatz. Zum Beispiel kann ich auf Anhieb unsere Planeten aufzählen: Jupiter, Saturn, Erde, Mars, Venus, Merkur, Uranus, Neptun und Pluto.
Und das ist mein Merksatz dazu:
J-eden *S*-onntag *e*-rklärt *m*-ein *V*-ater *m*-ir *u*-nsere *n*-eun *P*-laneten.

Wenn du dir merken sollst, dass auch folgende kleine Staaten zu Europa gehören:

A-lbanien
L-iechtenstein
M-alta
A-ndorra
S-an Marino
I-sland
M-onaco

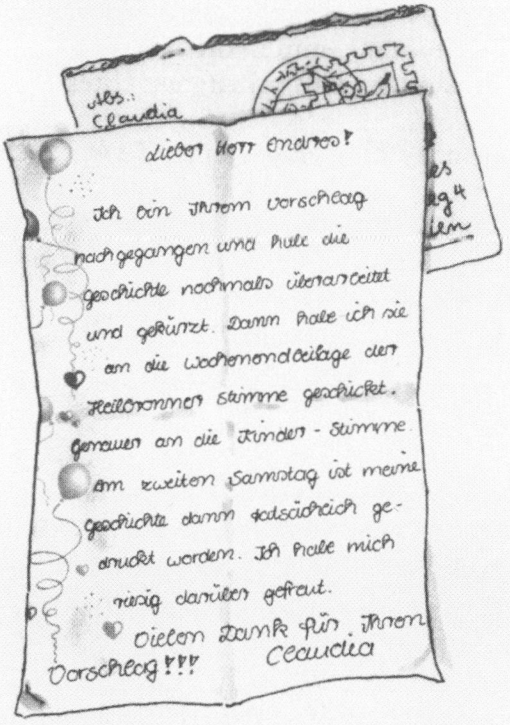

Was für einen Merksatz würdest du dir hierfür aufschreiben? Oder würde dir sogar ein einziges Wort genügen?
Nur Mut, ein Merksatz darf durchaus »bescheuert« (merkwürdig) klingen.
Genauso notiere ich mir manche Faustregel. Wenn ich mir zum Beispiel fünf Sachen oder Sätze merken muss, notiere ich das so:

Daumen –

Jetzt hat der Verlag mein Beispiel einfach auf Seite 114 gesetzt!

Der Griff in die Kiste

Für die Rechtschreibung, wichtige Grammatikregeln, hauptsächlich aber für Vokabeln benutze ich die Lernkartei. Dies ist immer noch so gut, dass ich die Erklärung auszugsweise (mit Erlaubnis) abgeschrieben habe.[8]
Eine Vokabelmaschine? Das wäre zu schön! Aber vielleicht kennst du diese »Lernmaschine« schon. Hast du bereits eigene Erfahrungen damit sammeln können? Unter Umständen sogar schlechte? – Wie dem auch sei, du solltest dir die Gebrauchsanleitung mal (oder nochmals) durchlesen.
Eine solche Lernkartei bekommst du in jeder Buchhandlung. Es gibt Karteikästen mit bereits fertig bedruckten Kartei- und Vokabelkärtchen. Du kannst dir aber auch eine Karteibox mit Blankokärtchen besorgen. Auch wenn das mehr Arbeit ist, die Kärtchen selbst zu beschriften, so kannst du doch besser eine Auswahl treffen, welche Wörter du wirklich brauchst. Außerdem lernst du schon beim Beschriften eine ganze Menge.
Für jedes Wort und jede Redewendung musst du eine eigene Karteikarte verwenden, wobei du den deutschen Ausdruck auf die Rückseite schreibst, den fremdsprachigen auf die Vorderseite:

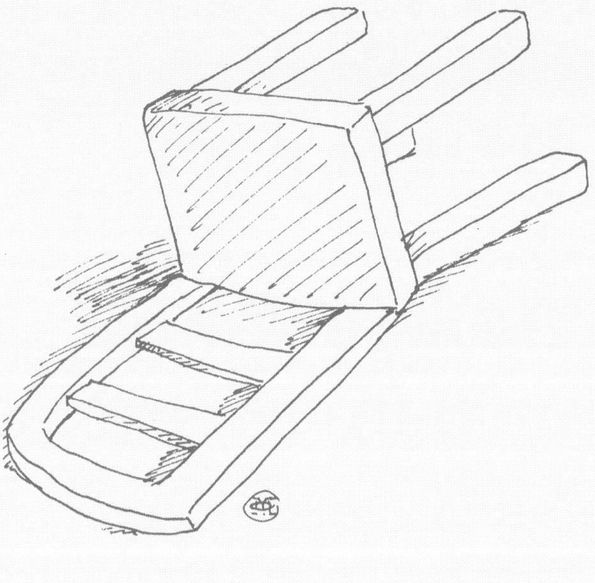

Vorderseiten

to keep in mind	with the help of	file card

Rückseiten

im Gedächtnis behalten	mithilfe von	Karteikarte

Wenn du Vokabeln auf die Kärtchen geschrieben hast, dann stecke diese in das erste Fach, bis sich dort ungefähr 20 solcher Vokabelkarten angesammelt haben. Jetzt nimm die erste Karte heraus, lies den fremdsprachlichen Ausdruck und versuche dich an die deutsche Bedeutung zu erinnern. Gelingt dir dies nicht, so drehst du die Karte um, prägst dir das Wort ein und steckst die Karte dann wieder zurück in Zelle 1, und zwar an die letzte Stelle des Kartenpäckchens, damit es im zweiten Lerndurchgang wieder aufgegriffen werden kann. Verfahre ebenso bei allen weiteren Kärtchen, wobei du die gewussten Vokabeln in die Zelle 2 ablegst und die nicht gewussten in der Zelle 1 belässt und diese so lange wiederholst, bis auch sie als gelernte in die Zelle 2 wandern können. Bei den folgenden Lektionen verfährst du in gleicher Weise, bis Zelle 2 mit Kärtchen angefüllt ist.
Damit du für weitere Kärtchen in Zelle 2 Platz hast, räumst du sie etwa einen Finger breit aus, kontrollierst jedes Kärtchen und lässt die gewussten in Zelle 3 marschieren, die nicht mehr gewussten müssen zurück in die Zelle 1, um von dort erneut gelernt zu werden.
Auf dieselbe Weise füllen und leeren sich die Zellen 3 und 4. Wenn du die Zelle 5 aufgefüllt hast und dort wieder Platz benötigst, entnimmst du vorn wieder ein fingerbreites Päckchen und prüfst, was du noch kannst. Diejenigen Vokabeln, die du beherrschst, kannst du ohne Bedenken aus der Kartei herausnehmen, da sie im Langzeitgedächtnis gespeichert werden. Die vergessenen aber gibst du wieder zurück in Zelle 1, das Spiel beginnt von vorn ...
Ganz wichtig ist hierbei, dass du erst dann neue Kärtchen beschriftest, wenn ausreichend Platz ist in Zelle 1. Am besten verwendest du die Lernschachtel nur für die Vokabeln, die dir besonders schwer fallen. Also nicht alle Vokabeln in die Schachtel geben.
Ein entscheidender Vorteil dieser Methode liegt darin, dass immer nur die Vokabeln wiederholt werden, die tatsächlich noch nicht sitzen. So wird eine zeitraubende, unnötige Wiederholung vermieden, wie sie im

Vokabelheft oder in Buchlektionen unumgänglich ist, weil dort beim Wiederholen reihenweise längst bekannte Vokabeln mit erfasst werden.
Das klingt jetzt alles ziemlich kompliziert, am besten liest du die Beschreibung des Lernvorgangs nochmals langsam durch und vergleichst den Text mit der Zeichnung, auf der die Wanderwege dargestellt sind:

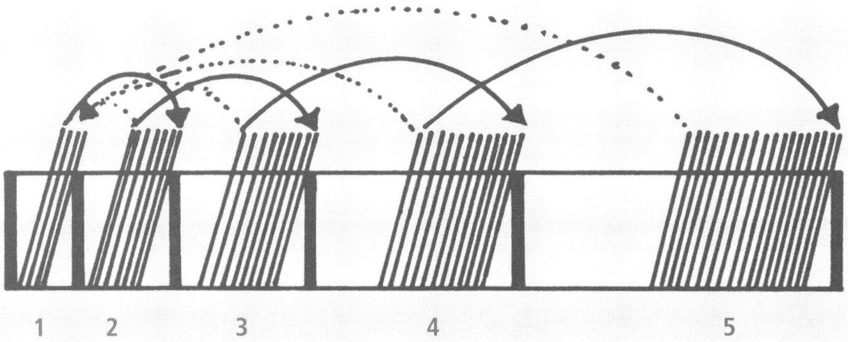

Beim Wandern der Karten hast du einen ausgezeichneten Überblick, wie viele Vokabeln du bereits gelernt hast und wie gut du sie beherrschst. Außerdem kannst du den ungewöhnlichen Vorsatz fassen: »Heute wiederhole ich drei Vokabeln!« Du greifst in eine Zelle, entnimmst drei Karten, und schon hast du deinen Vorsatz in die Tat umgesetzt.

Hast du eine Ahnung!

Wer eine Ahnung hat, kann sich auch etwas vorstellen. Und wenn ich mir etwas vorstelle, bekomme ich eine Ahnung.
Wenn ich einen Aufsatz zu schreiben habe mit dem Thema »Kurz vor Ladenschluss«, dann stelle ich mir den hektischen Betrieb ganz genau vor.
Wenn ich mich sogar mit einem Notizblock kurz vor Ladenschluss an einen Supermarkt hinstelle, kann ich so viel beobachten, dass ich kaum noch mit dem Schreiben nachkomme.
So habe ich mich schon auf eine Parkbank, an einen Brunnen, in eine Kirche oder ein Museum gesetzt. Wer sich nicht vorstellen kann, dass das »Klima« und die Atmosphäre bestimmter Stellen oder Räume je nach Thema oder Sachgebiet ganz tolle Lernhilfen bieten, der sollte es mal ausprobieren. Ich kann dir jedenfalls berichten, dass es fantastisch wirkt.
Seine Hausaufgaben für Biologie im Wald oder im Zoo zu machen, sich mit dem Geschichtsbuch ins Museum zu setzen oder mit seinem englischen Vokabelheft mal auf der Zuschauerterrasse eines Flughafens zu stehen, sind sicher ausgeflippte Methoden. Kannst du dir vorstellen, dass sie wirken?

Als ich zum ersten Mal solche verrückten Vorschläge von einem Top-Trainer hörte, habe ich nur gelacht. »Hast du eine Ahnung!«, hat er darauf nur geantwortet. Ich habe ihn daraufhin bei seinem Training beobachtet. Er hat tatsächlich seinen Leuten ganz genau erzählt, was sie sich vorstellen müssten, wo sie das nächste Spiel bestreiten. Seine Sportler saßen da und lauschten mit geschlossenen Augen. Er schilderte alles so genau, dass sogar ich am Rande alles ganz genau vor Augen hatte.
Natürlich kannst du nicht dauernd mit deinen Büchern und Heften durch die Gegend fahren, um deine Hausaufgaben im Flughafen, Museum oder Zoo zu machen. Aber kannst du es dir vorstellen?

Textaufgaben knacken

Eine ganz andere, viel nüchternere Form, sich etwas vorzustellen, sind Mathe-Aufgaben. Vor allem die Textaufgaben.
Für besonders knifflige Fälle habe ich mir ein Schema zurechtgelegt. Da stehen zwar wahnsinnig viele Punkte drin, es genügt aber, wenn du in jedem Feld nur die zwei oder drei Punkte ankreuzt, die dir persönlich wichtig sind.

1. Erst lesen, dann lösen

Du kannst nur Aufgaben lösen, die du verstanden hast.
Lies die Aufgabe ganz genau durch und stell dir vor, wovon sie handelt und was überhaupt gefragt ist.
Weißt du nicht, was in der Textaufgabe steht, dann kannst du mit eigenen Worten die Aufgabe nacherzählen und eine Skizze aufzeichnen.
Schätze, was herauskommen wird.

2. Was ist gegeben – was gesucht?

Frage dich nochmals, was gesucht wird.
Welche Rechenarten kommen hier vor? Muss ich addieren oder multiplizieren?
Schau deine Skizze an und stelle einen kleinen Plan auf, was du Schritt für Schritt ausrechnen willst.
Löse einen Teil der Aufgabe und kontrolliere, ob du alle nötigen Zahlen verwendet hast.

3. Jetzt erst heißt es Lösen

Kontrolliere jeden Schritt.
Verlierst du mitten in der Rechnung den Faden, geh einen Schritt zurück.
Erinnerst du dich an den Lösungsweg, der im Unterricht geübt wurde?
Ruhe bewahren!
Bleibst du dennoch hängen, geh zur nächsten Aufgabe.

4. Stimmt das Ergebnis?

Vergleiche die Lösung mit deiner Schätzung.
Kontrolliere die Zahlen im Rechengang. Stimmen sie mit der Aufgabe überein?
Kannst du dir das Resultat nicht richtig vorstellen, rechne die Aufgabe mal rückwärts nach, vom Ergebnis zur Fragestellung.
Steht das Ergebnis sauber und gut lesbar da?

Dann kannst du dir ja gut vorstellen, wie alle mit dir zufrieden sind. Am meisten du mit dir selber.

- ❑ **Vor lauter Lernmethoden kam ich noch gar nicht zum Thema »Konzentration«.**
  Seite 74
- ❑ **Sollte ich mich jetzt (noch mal) mit mir selbst und meinem Selbstbewusstsein befassen?**
  Seite 80
- ❑ **Jetzt habe ich mich irgendwie verzettelt. Ein Zacken fehlt mir noch an meinem Lern-Stern.**
  Seite 26
- ❑ **Jetzt könnte ich ein paar gute Tipps für die nächste Klassenarbeit vertragen.**
  Seite 114

Klassenarbeiten als Spaßverderber

Für viele Kinder ist das Üben vor einer Klassenarbeit mit so viel Zeit- und Leistungsdruck verbunden, dass ihnen der Spaß am Lernen regelrecht verdorben wird. Dabei ist es auch im Blick auf die Noten gar nicht sinnvoll, am Tag vor einer Klassenarbeit besonders intensiv zu üben. Dadurch hätte der Lernstoff keine ausreichende Gelegenheit, sich zu setzen, also wirklich verarbeitet zu werden.
Wahrscheinlich müsste das Kind dann am nächsten Tag die Erfahrung machen, dass ihm vieles von dem, was so intensiv geübt wurde, auf einmal nicht mehr einfällt. Das berühmt-berüchtigte »Brett vorm Kopf« ist oft eine Folge zu intensiver und zu umfangreicher Vorbereitungen bis kurz vor Beginn der Klassenarbeit. Außerdem wird durch solche Trainingsformen zu sehr betont, wie wichtig doch diese Arbeit ist, wie viel für das Kind davon abhängt. So entsteht eine Belastung, die so stark sein kann, dass das Kind plötzlich nicht mal mehr weiß, wie viel 2 mal 2 ist.
Wer die Situation vor einer Prüfung als zu stressig empfindet, weil zu viel vom Ergebnis abzuhängen scheint, programmiert bereits im Vorfeld das mögliche Versagen.
Es fällt auf, dass gerade Kinder, die besonders gut abschneiden wollen, derartigen Stressfaktoren sehr intensiv ausgesetzt sind.
Die Ursache des Versagens liegt in einem solchen Fall nicht in mangelnder Vorbereitung, nicht an Faulheit, Gleichgültigkeit, auch nicht am bösen Lehrer, an der lauten Klasse, sondern ganz einfach an der übermäßigen Aufregung und Nervosität. Und die entstehen nicht erst im Klassenzimmer, sondern werden lange vorher programmiert.

Wahrscheinlich dreht sich beim Üben zu Hause schon alles um die anstehende Klassenarbeit, möglicherweise wird sogar zu intensiv geübt – und das wichtigste Thema ist die zu erwartende Note.

Die Nöte mit den Noten

Schon im ersten Lebensjahr zeichnen sich individuelle Unterschiede in der Entwicklung ab. Nicht alle Kinder lernen im selben Zeitraum sitzen, gehen, sprechen. Doch ist bei vielen Eltern jeder Fortschritt des Kindes umso bedeutender, je mehr andere Kinder damit überholt werden. Dieser Vergleich mit anderen ist ein wesentlicher Punkt, der die eigene Leistung schmälert oder erst richtig zur Geltung bringt.
Auch Frau Meister kann sich davon nicht ganz frei machen. Wenn Simone mit einer guten Note nach Hause kommt, fragt sie gern: »Und was hat die Sabine?« (Sabine ist die Klassenbeste.)
Das Ziel besteht oft nicht darin, möglichst gerne zu lernen und viel zu wissen, sondern besser zu sein als jemand anders.

Wer eine schlechte Note im Schulranzen nach Hause trägt, würde das Heft am liebsten verschwinden lassen. Das muss noch nicht bedeuten, dass dieses Kind kein Vertrauen zu seinen Eltern hat, sondern es ist eine ganz natürliche Reaktion, seine Fehler und Misserfolge möglichst nicht öffentlich zu demonstrieren. Die meisten Kinder empfinden es als eine peinliche Situation. Fehler gehören zur Intimsphäre.
Wenn uns zum Beispiel ein Kuchen im Backofen angebrannt ist, kommen uns Gäste in diesem Augenblick ungelegen. Wenn wir mit dem Auto an eine Mauer stoßen, ärgern wir uns selbst schon genug, und noch viel mehr, wenn Freunde oder Bekannte unsere Unachtsamkeit miterlebt haben.
Was wir in solchen Situationen brauchen, sind weder Schadenfreude noch gut gemeinte Ratschläge oder Vorwürfe. Meist ist es in solchen Fällen der beste Trost, ohne viel Aufhebens zur Tagesordnung überzugehen.
Doch nun hält uns unser Kind das Heft mit der 5 vor die Nase. Wir müssen zuerst einmal selbst die Enttäuschung verkraften. Zugleich sollen wir pädagogisch sinnvoll reagieren. Genau darin liegt das Problem.

Was halten Sie von folgenden Äußerungen:

- Bist du sehr enttäuscht?
- Ich möchte mir die Arbeit noch in Ruhe ansehen und dann gehen wir die Fehler noch einmal durch.
- Natürlich bin ich nicht begeistert, das kannst du dir denken. Was können wir jetzt tun?

Oder ist dieses Repertoire geläufiger?:

- Eigentlich wundert mich das gar nicht. Du hattest es ja nicht nötig zu üben!
- Du hast eben nichts als Fußball und Fernsehen im Kopf. Ich glaube, da müssen wir mal andere Saiten aufziehen.
- Na warte mal, wie sich da dein Papa freuen wird!

Ulrikes 4

Ulrike kommt strahlend aus der Schule. Sie kann es noch gar nicht fassen: Endlich hat sie eine Vier im Diktat geschrieben, eine glatte, runde, richtige Vier! Endlich hat ihr vieles Üben einmal einen Sinn gehabt und Erfolg gebracht! Ulrike ist so stolz! Nur schnell nach Hause! Sie muss es gleich Mutter sagen, ganz schnell, damit die sich mitfreuen kann. Ulrike rennt und hastet nach Hause. Mutter steht im Garten und unterhält sich mit einer Nachbarin. Da kann es Ulrike nicht mehr für sich behalten. »Mutti!«, ruft sie schon an der Gartentür, »Mutti, ich habe eine Vier im Diktat, eine richtige Vier!« Mutter wirft einen unsicheren Blick zur Nachbarin, verabschiedet sich schnell, und dann sagt sie: »Ja, ja, Ulrike, komm mit rein.« Sie geht in die Küche. Ulrike folgt ihr enttäuscht. »Freust du dich denn nicht über meine Vier?« »Doch, doch, sicher«, sagt Mutter. »Natürlich freue ich mich. Aber muss denn gleich jeder hören, wie schlecht du in der Schule bist? Du hast uns eben ganz schön blamiert.«[9]

Immer diese Leichtsinnsfehler

Viel zu schnell gehen wir mit diesem Wort um. Dabei gibt es kaum ein Kind, das »Leichtsinnsfehler« macht. Wenn wir uns die Art der Fehler genauer ansehen, stecken meist ganz andere Ursachen dahinter. Erst eine gründliche Fehleranalyse bringt uns weiter. Dem Kind ist normalerweise nicht gleichgültig, ob es Fehler macht oder nicht. Es macht sie nicht aus Leichtsinn. Schauen Sie sich mal drei typische Beispiele hierfür an.

1. Beispiel

Bei einem Wort wird ein Buchstabe vergessen. Oft schreiben die Kinder »un« statt »und«, obwohl alle das Wort kennen. In diesem Fall schreibt die Hand langsamer, als der Kopf denkt. Denken und Schreiben spielen sich nicht gleichzeitig ab. In Gedanken ist das Kind schon beim nächsten Wort, ehe es das letzte zu Ende geschrieben hat. Das geschieht vor allem bei einfachen,

leichten Wörtern, die scheinbar keine große Aufmerksamkeit erforderlich machen.
Welche Wörter zu den schwierigen und welche zu den leichten zu zählen sind, ist nicht davon abhängig, wie kurz oder lang ein Wort ist. Es kommt vielmehr auf den Aufbau an. Zu den einfachen Wörtern zählen die, die nach dem Schema Konsonant – Vokal aufgebaut sind, zum Beispiel To-ma-te, Ba-na-ne, So-na-te.
Die nächste Stufe ist das Schema Konsonant – Vokal – Konsonant: Kin-der-gar-ten, Ka-len-der. Besonders schwierig sind Wörter mit Konsonantenhäufungen, am schwierigsten, wenn diese am Anfang eines Wortes stehen: braun, schwarz, klein, Pflaume, Krankenpflege.
Die Konsonantenhäufungen erschweren die akustische Unterscheidung von harten und weichen Lauten. Sprechen Sie folgende Wörter und achten Sie beim ersten Buchstaben darauf, wie minimal die Unterschiede sind:

gleich	–	klein
blau	–	plagen
drängen	–	trinken
Glanz	–	Klasse
Brief	–	Pracht
Drachen	–	Tracht

2. Beispiel

Bei den Endungen werden »n« und »m« oft verwechselt: in einen Haus. Beobachten Sie Ihr Kind beim Sprechen. Vielleicht macht es hier denselben Fehler und weiß wirklich nicht, wie die grammatikalische Form heißt. Verbessern Sie beim Sprechen, aber ganz nebenbei.

3. Beispiel

4 x 4 = 8

Die Aufgabe wurde unterschätzt. Vielleicht wurden gerade davor +-Aufgaben bearbeitet und das Gehirn hat noch nicht umgeschaltet. Wenn solche Fehler häufiger auftreten, hilft es vielleicht, die Rechenzeichen farbig zu markieren.
In jedem Fall sollten wir die Art der Fehler genau beachten, bevor wir dem Kind unterstellen, es sei leichtsinnig gewesen. Leichtsinn beinhaltet immer einen Tadel. Und der ist in vielen Fällen nicht angebracht. Schließlich müssen wir als Eltern akzeptieren, dass genau wie unsere eigenen Fähigkeiten auch die Möglichkeiten des Kindes von seinen Begabungen abhängen.

- ❑ **Das war jetzt eine hilfreiche Information.**
  Seite 118
- ❑ **Mit diesen Hinweisen kann ich nicht viel anfangen.**
  Seite 21
- ❑ **Hoffentlich lesen das auch viele Lehrer/innen.**
- ❑ **Jetzt könnte ich etwas Entspannung gut vertragen.**
  Seite 69

Muffensausen macht mürbe

»Ich hab's ja geahnt, mit solchen Aufgaben komme ich einfach nicht klar.«
»Das wird bestimmt wieder 'ne dicke Fünf.«
»Jetzt kommt genau das dran, was ich sowieso nicht kann.«
»Das wird daheim wieder ein Theater geben.«
Schwirren dir gelegentlich während einer Arbeit solche Gedanken durch den Kopf? Mir hat mal jemand gesagt: »Klassenarbeiten, das ist wie Schmetterlinge im Kopf.« Zuerst musste ich darüber lachen. Aber dann habe ich gemerkt, dass das gar nicht lustig ist. Ich habe mich mal umgeschaut und rumgehört, wie es vielen Kindern während einer Klassenarbeit zumute ist. Und dabei habe ich mir eine Faustregel überlegt, die du dir an deinen fünf Fingern abzählen kannst:

Daumen

Sage dir auf dem Weg zur Klassenarbeit in Gedanken immer, dass du dich gut vorbereitet hast.

Zeigefinger

Geh nur ja den Leuten aus dem Weg, die dich noch kurz vorher verrückt machen, die dir unbedingt aufzählen wollen, was sie alles gelernt und vorbereitet haben.

Und dann ist es ganz wichtig, rechtzeitig vor einer Klassenarbeit mit dem Üben aufzuhören. Wer zu viel übt, ist wie ein Schreiner, der ein Brett so lange glatt hobelt, bis es überhaupt kein Brett mehr ist.

Mittelfinger

Denk an kleine Päuschen. Leg ab und zu den Schreibstift aus der Hand und atme tief durch.

Ringfinger

Kannst du eine Frage nicht beantworten, geh zur nächsten. Hab Mut zur Lücke!

Kleiner Finger

Geh stets mit dem Gefühl ans Werk: Auch wenn ich nicht alles weiß, so weiß ich doch, dass ich eine Menge weiß! Dass nur das drankommt, wovon ich überhaupt nichts weiß, ist ziemlich ausgeschlossen.

Und weil jetzt kein Finger mehr frei ist, nimmst du für den letzten Tipp am besten die ganze Faust:
Gehst du in eine Klassenarbeit, zieh unbedingt deine Lieblingsklamotten an.
Eine Klassenarbeit fängt aber nicht erst in der Schule an. Es hängt schon ziemlich viel davon ab, ob du vorher richtig geübt hast – nicht zu wenig, aber auch nicht zu viel.
Auch ein Pilot checkt vor dem Start seine Maschine noch einmal auf Herz und Nieren durch. In einer Checkliste hakt er alles ab, was okay ist. Überall, wo es um Sicherheit geht, sind Checklisten eine feine Sache. Willst du das für die nächste Arbeit testen? Mit einer ganz persönlichen Checkliste gehst du auf Nummer Sicher. Du wirst sehen, das beruhigt ungemein.

Spickzettel erlaubt

Wenn ich dir so uralte Rezepte empfehle wie die Ansichtskarte, die mit einem Reißnagel unter der Tischplatte aufgespießt wird, oder den Text in einem Papiertaschentuch zu notieren, dann musst du bestimmt genauso müde lächeln wie bei dem Tipp mit dem großen Heftpflaster oder dem Radiergummi in der Plastikhülse. Mir geht es auch gar nicht um eine raffinierte Mogeltechnik. Ich meine einen wirklich guten Spickzettel. Er hilft mir nämlich, mich nur auf das Wichtigste zu konzentrieren. Wenn ich auf kleinstem Raum die wichtigsten Gedanken festhalten muss, ist das eine lohnende Übung und eine hervorragende Klassenarbeitsvorbereitung.

Am besten nimmst du am Anfang ein regelrechtes Plakat, so groß wie ein Blatt aus deinem Zeichenblock. Hierauf notierst du alles, was du in der Klassenarbeit gerne nachschauen würdest. Schreibe nicht zu klein und bemühe dich schon jetzt um eine gute Übersicht. Anschließend überarbeitest du dieses Plakat, schreibst neue Stichwörter an den Rand und versuchst dann, das Wichtigste erneut zusammenzufassen. Diese neue Fassung überträgst du jetzt auf ein kleineres Blatt.
Aus diesem wiederum ziehst du das Allerwichtigste und schreibst es auf ein kleines Zettelchen. Steckst du dir dieses Werk im Socken unter die Fußsohle, kannst du in der nächsten Arbeit »sicher auftreten«.

- ❑ **So eine Arbeit ist reine Zeitverschwendung.**
  Seite 14
- ❑ **Die Idee mit den Fingern muss ich mir merken.**
  Seite 116
- ❑ **Die Spickzettel-Idee werde ich mal ausprobieren.**
- ❑ **Ich schau mir noch einmal meinen Lern-Stern an. Vielleicht kommt mir dann noch eine bessere Idee für die Vorbereitung meiner nächsten Klassenarbeit.**
  Seite 26

Von Tiefseetauchern und einer Mathe-Arbeit

In der letzten Mathe-Arbeit habe ich Daniel Meister beobachtet. Das habe ich in seinen Gedanken gelesen:

»Ich muss mich konzentrieren. Wie geht diese Aufgabe bloß! Ich krieg die ja doch nicht raus! Vielleicht sollte ich mit einer anderen anfangen? Wie viel Zeit hab ich eigentlich noch? Da vorne, die Gabi, die weiß sicher alles. Mensch, Thomas gibt schon ab! Aber der ist sowieso immer so früh fertig. Konzentrier dich! Also: Hans fährt um 8.35 Uhr von Nordhausen nach Neuenhof. Das ist 7 Kilometer weit entfernt. Mit seinem Fahrrad braucht er ... Mein Fahrrad hat einen Platten und – Mensch, konzentrier dich doch! Wenn ich die Arbeit verhaue, krieg ich vielleicht 'ne 5 ...«

Ich habe gespürt, dass Daniel die Übung fehlt. Und zwar eine ganz bestimmte Übung. Deshalb musste ich an einen Tiefseetaucher denken. Von dem weiß ich nämlich, dass sein Gedächtnis auch von der Umgebung abhängt: An Anweisungen, die er oben auf dem Trockenen bekommen hat, kann er sich unter Wasser nur noch schwer erinnern. Und Dinge, die er unter Wasser beobachtet hat, kann er manchmal nach dem Auftauchen nicht mehr erzählen, weil er sie vergessen hat.

Ich habe das mal selber ausprobiert. Nicht beim Tauchen, sondern beim Lernen. Und es hat tatsächlich geklappt. Ich kann mich viel besser an das Gelernte erinnern, wenn ich es an genau dem Ort abfrage, an dem ich es auch gelernt habe. Ob das bei dir auch funktioniert?

Wenn du zu Hause eine Klassenarbeit vorbereitest, dann versetze dich in Gedanken mal ins Klassenzimmer. Du sitzt an deinem Platz und »siehst« die Tafel, die Fenster, die Tür – du fühlst dich im Geiste an dem Ort, an dem du die Klassenarbeit schreiben wirst.

Überhaupt gibt es viele Möglichkeiten, für die Schule zu trainieren, ohne dass es gleich nach Schule riecht.

Gibt es noch andere Situationen, auch außerhalb der Schule, wo du besonders aufgeregt bist? Merkt man dir deine Nervosität leicht an?

Wenn du aufgeregt bist, bist du dann lieber allein oder hilft es dir, wenn andere in deiner Nähe sind? Gehörst du zu denen, die sich in schwierigen Situationen sogar steigern, oder lässt deine Leistung dann eher nach? Wie reagierst du, wenn dir jemand bei einer kniffligen Aufgabe auf die Finger schaut?

Wenn du öfter unter Zeitdruck gerätst, zum Beispiel gegen Ende einer Arbeit hektisch wirst und viel mehr Fehler machst, dann trainiere doch dein Zeitgefühl. Nimm dir vor, eine kleine Aufgabe in einer bestimmten Zeit zu erledigen. Wenn du ein richtiges Training daraus machen willst, kannst du die Zeit von jemandem stoppen lassen. Anschließend notierst du, wie gut du in der Zeit geblieben bist, wie viel Minuten du früher fertig warst oder länger gebraucht hast.

Wenn es dich bei einer Klassenarbeit stört, wie emsig und wuselig die anderen arbeiten, kannst du auch trainieren, damit besser klarzukommen. Macht mal zu dritt oder zu viert einen Teil eurer Hausaufgaben, ohne miteinander zu reden und ohne euch gegenseitig zu helfen.

So lernst du dich und dein Lernverhalten immer besser kennen. Du brauchst nicht neidisch auf die anderen zu schielen, die scheinbar kein Problem damit haben.

Bevor ich mich auf Seite 119 von dir verabschiede, muss ich dir noch den Witz mit dem Huhn zu Ende erzählen. Ich hoffe, du bist jetzt zum Schluss nicht sauer, weil er ziemlich doof ist:

Das Huhn hat nämlich gar keinen Eierlikör, sondern Doppelkorn bestellt.

Mit Kindern lernen – von Kindern lernen

Es ist das Schöne an der Lernlandschaft, dass es unendlich viel zu entdecken gibt. Mithilfe dieses »Kursbuches« oder Fahrplans konnten Sie hoffentlich neue Strecken kennen lernen. Es hatte aber sicher auch seinen Reiz, dass Sie auf bekannten Fahrtrouten unterwegs waren, ohne deshalb gedankenlos immer nur auf eingefahrenen Gleisen gefahren zu sein.

Wenn wir so mit unseren Kindern durch die Lernlandschaft reisen, lassen wir uns doch von ihnen mit hineinnehmen in ihre Welt, ihre Sichtweise. Dabei werden wir entdecken, was wir alles von unseren Kindern lernen können. Kinder haben im Hinblick auf Natürlichkeit, Ursprünglichkeit und Direktheit uns Erwachsenen einiges voraus. Und wenn wir genau hinsehen, gilt das oft genug auch im Bereich der Beobachtungsfähigkeit. Und nicht zu vergessen ist ihre Ausdauer, wenn es darum geht, hartnäckig ein Ziel zu verfolgen, das sie sich in den Kopf gesetzt haben ...

Zu guter Letzt

Auf meiner Reise kreuz und quer durch das Land des Lernens bin ich an einer großen Schule vorbeigekommen. Neben dem Eingangstor war ein Spruch auf die Wand gesprüht:

Habe ich jetzt hier in diesem Kursbuch was verkehrt gemacht?
Meinst du, diesen Spruch dürften auch deine Eltern lesen – jetzt zum Schluss – ausnahmsweise?

Anmerkungen

[1] Abbildung des Schienennetzes auf Seite 11 aus: DB Reise & Touristik AG: *BahnCard 25, 50 oder 100. Flexibel fahren und sparen*, Frankfurt/M. 2003

[2] Die Geschichte stammt aus dem Buch: Gianni Rodari: *Gutenachtgeschichten am Telefon*, © 1964 by Thienemann Verlag (Thienemann Verlag GmbH), Stuttgart/Wien

[3] Wolfgang Endres/Markus Olivieri: *Der Große Punkt. Bewußter-leben lernen. Ein phantastisches Bilderbuch*, Kösel-Verlag, München, 4. Aufl. 1993

[4] Nach einem Experiment von Roger Shephard, zitiert in: Alan Baddeley: *So denkt der Mensch. Unser Gedächtnis und wie es funktioniert*, Droemer Knaur Verlag, München 1986

[5] Ernst Waldemar Bauer: *Humanbiologie*, © 2000 Cornelsen Verlag, Berlin

[6] Wolfgang Endres/Markus Olivieri: *Der Große Punkt*, a.a.O.

[7] Die Abbildung stammt aus dem Buch: Wolfgang Endres (Hrsg.): *Die Endres-Lernmethodik. Lehrerbegleitmaterial, Folien und Kopiervorlagen zum Lernen lernen*, Beltz Verlag, Weinheim & Basel 2002

[8] Wolfgang Endres: *So macht Lernen Spaß. Praktische Lerntipps für Schülerinnen und Schüler*, Beltz Verlag, Weinheim & Basel, 17., neu ausgest. Aufl. 2003

[9] Diese Geschichte von Gisela Schütz stammt aus dem Buch: Rolf Krenzer/Richard Rogge (Hrsg.): *Kurze Geschichten zum Vorlesen und Nacherzählen im Religionsunterricht, Band 2*, © 1981 Verlag Ernst Kaufmann, Lahr/Kösel-Verlag, München, S. 68

Auflösungen

Seite 28 f.

1. Expander
2. Hydraulik
3. Apokalypse
4. Nairobi
5. Kolosseum
6. Almosen
7. Quarz
8. Experiment
9. Montevideo
10. Sinologie
11. Anarchie
12. Furnier

Seite 44

1. Nadine
2. Dienstag
3. Mindestens 15
4. Nadine

Seite 49 ff.

A 1, B 1, C 2 und 3,
D 1, E 2, F 1, G 2, H 1,
J 3, K 2